華志文化

華志文化

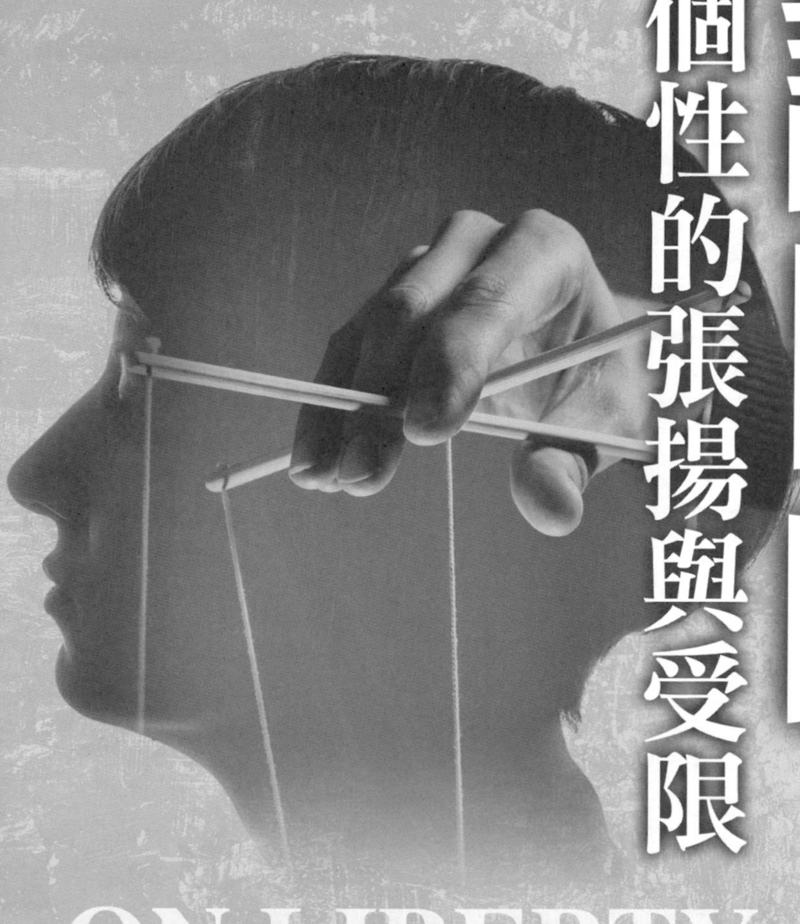

論自由

個性的張揚與受限

ON LIBERTY

原版原味
最新譯著

原著／約翰·密爾(John Mill)

集古典自由主義理論體系之大成，深化了啟蒙運動以來關於個人自由和政治自由的論述，是歷久不衰的經典之作。

密爾的《論自由》自問世以來一直是政治哲學乃人文思想領域內享譽至高的作品。密爾對自由的論證十分嚴密，其自由理論的結構和內涵是自洽的。

序言

《論自由》乃自由主義的集大成之作。這裡所探討的自由是公民自由或社會自由，即社會所能合法施用於個人的權力的性質和限度。關於自由的意義，從古到今並不相同，本書是要力主一條極其簡單的原則，使凡社會使用強制和控制方法對付個人之事，不論所用手段是法律手段或是道德壓制，都要以它為準繩：人類之所以有理有權可以各別地或者集體地對其中任何分子的行動自由進行干涉，唯一的目的只是自我防衛。

《論自由》主要從三方面論述了公民的自由權利：一、是論思想自由和言論自由；二、是論個性自由；三、是論社會對個人自由的限制。本書被廣泛認為是自由主義理論的集大成之作，被高度評價為「對個人自由最動人心弦，最強有力的辯護」。作者認為自由主要包括三個方面，即思想自由、表達自由、出版自由等，追求個人趣味與志趣的自由，以及交往和相互聯合的自由。

《代議制政府》是密爾政治學說的另一部代表作，是其多年致力於議會改革而形成的政治觀點和實際建議系統化的結晶。這部有關議會民主制的經典著作，特點不在於論述政治理論的抽象原則，而在於論證了有關代議制政府的各種問題，這對英國和其他歐美各國政府制度的進一步完善具有重大影響。

《論自由》被譽為「肯定人類個體的個性不可泯滅的價值優雅，意義重大，影響*為深遠的宣言」，對它的解讀從出版時就一直處於辯論和爭議之中。書中論述了資本主義制度下的公民自由權利，闡明「社會所能合法施用於個人的權力的性質和限度」，並提出了自由的各項「原則」。

目錄：論自由

第一章　引論

這篇文章並不是為了宣揚所信仰的信念自由，那個與哲學必然性的意義相違背的自由與這個全然無關。這裡談論的是人民自由或者說是社會自由，也就是社會如何能將個人權力屬性和限度合法使用。

第一章 引論

這篇文章並不是為了宣揚所信仰的信念自由，那個與哲學必然性的意義相違背的自由與這個全然無關。這裡談論的是人民自由或者說是社會自由，也就是社會如何能將個人權力屬性和限度合法使用。

幾乎沒有人會將這個問題用大眾化的方式提出，用常人的眼光加以討論就更罕見了，但不可否認的是它總是潛移默化地影響著當代人對行動的判斷，不久之後就會成為一個常見的社會問題。它並不是新鮮話題，從遠古時代開始就已經存在於人類之中並將他們歸類；不過在人類進入文明時代之後，它也跟著進化了，它以新的形象展現出來，要求人們用發展的眼光看待，從根源上解決它。

自由與制度間的硝煙，在耳熟能詳的歷史中早就得以展現，甚至是希臘、羅馬、和英國歷史中的特色。但在舊時代，這個鬥爭存在於君臣之間或者是有一定地位的臣民和政府之間。那個時候宣稱的自由，是為了反抗政府的暴虐統治。

在人們的潛意識裡（希臘時代的平民政府除外），統治者想與其人民和平共處是不可能的。統治者並不一定是君主，還有實行管制的「獨夫」或者進行管制的一族或世襲階層，繼承或征討而來的權威得來毫不費力；他們也不會在意被統治人是否樂意，因為他們的地位讓人民不容置喙，不管權力者用何種方式進行壓迫，他們都沒想過要反抗。他們手握權力是理所應當的，但危險係數也是極高的；這是他們用以對付臣民的武器，就像可以用來對付敵人那樣。

就像一個族群裡，為了保護弱小免被殘害，就必然會有一個強者出來領導這個族群。但這個強者並不會因此停戰，他依然會不停地挑戰自己的族群，於是這個群體不得不一直處在防禦狀態。這時的愛國者，就是要在統治者的權力下為民眾爭取一定權利的自由，以自由的方式讓統治者受到限制。獲得這種限制性有兩種方式：

一、是擁有某些特權，就是有特定政治自由或權利的認可。

如果統治者單方面強加干涉，就算是背信棄義；如果真的付諸了行動，那麼反抗或者部分起義就是理所當然的行為。

二、是根據憲法制定一些限制性條約，敦促管治系統在制定一些重要措施時要遵守下列要求。

群體或團體以利益為出發點考慮後且應允。以上兩種方式，第一種在歐洲列國運用後逼迫政治權力有了些許忌憚；第二種卻沒有什麼效果，所以要達到這種限制，或者在已經達到了最高程度還必須更加嚴格要求，這是愛好自由者的人們四處奔走的目標。歷史告訴我們，如果人們依然對一個敵人去攻擊另一個敵人的現象喜聞樂見，依然對一個可以制服現階段殘暴主人的人再次臣服，他們的渴望便不會超越現實。

但是，在前進路上漸漸進入了這樣一個時代：人們不再認為擁有獨立權力的統治者在利害關係上是必定要和自己相違背的。他們意識到，如果自己可以成為國家和政府的租賃者或領頭人，可以任由自己的意願來決定，那麼一切都會容易許多。他們知道只有在那樣的局面下，才能讓自己的權力得到保證，才能使政府的權力被限制而保證自己的利益。

這個想透過選舉來決定統治者並且只能短期在任的新需求，慢慢變成了無處不在的平民政黨要專注的明顯目標，原來只是想要限制統治者權力的想法逐漸被這種新需求替代，且範圍廣泛。

伴隨統治者應由被統治者定期選擇這種思維的進步，有人認為，限制權力這方面無需過於看重，之前就有些分不清孰輕孰重。那原本應該是一種為了人民為了利害關係而反抗統治者的一種慣用手段。但現在這種手段行不通了，現在人民和統治者必須是統一的關係，統治者與人民的利害關係和信念應該是和諧統一的。任何人都要遵從自己的意志，不必擔心它會侵害本體。如果可以保證統治者民族認真負責的態度，並且遵從定期被撤換的結果，那麼整個民族是可以放心地將自己手中的權力交給他們的。

整個民族的權力其實就是統治者擁有的權力，不過是用一種集中的形式更利於隨時運用而已。這種思維意識亦或者說是感性意識，在上個世紀崇尚自由主義的歐洲存在得十分普遍，而部分大陸至今仍佔著巨大優勢。現在的歐洲大陸，如果依然有人認為政府要做的事情是可以被限制的，那麼他一定可以成為政治思想家中閃光的獨行者了。當然，如果他們認為某些政府沒有存在的必要就要另當別論了。如果在我們自己的國家，鼓勵這種情調的局勢一如當時，或許這種情調會一直延續到今天，且勢如破竹。

就像和人相處，與政治和哲學理論為伍都是一個道理，因為失敗而將所有的錯誤和弱點掩飾起來，一旦成功，這些都將曝露無遺。所堅信的人們可以任意使用自己手中的權力這個觀點，或許在平民政府還僅僅是在幻想中，或者只是在歷史長河的記載中顯現的時候，這個觀點確實如一條康莊大道。即便會出現一些短暫的脫離軌跡的情況，如法國革命那般，這個觀念也是雷打不動地存在的，因為這不過是少數篡竊者的無用之功，只能看作是抵制君主專制和貴族專制而突然爆發的一種暴力事件，平民政黨的永恆定律是不會允許這種變數存在的。

隨著時間的不斷推移，民主共和國如約而至，覆蓋了大半個地球，成為了國民群體中最主要的力量之一；於是在這種影響深遠的現實監督下，選舉制和責任制政府就開始淪為被觀察和批判的對象。

人們發現「自治政府」和「人民運用自身權力」這類說法，不足以表明實際。可以使用自身權力的人民和擁有權力的人民很難統一，「自治政府」也並不是真的可以自己管理政府，而是人人都會被其他人約束的政府。而宣導的人民意志，其實就是大多數或者一部分最活躍的人民的意志，也就是最多的抑或能讓自己成為多數人的意志。最終就會演變成，人們會強制要求自己也成為這一部分，這種濫用權力的行為不輸於任何一種強制性壓迫。

如此，即便是要限制政府使用其本身的個人權力，那麼在掌權者對群體中得力的黨派應當擔負責任之時，也要充分保證其地位不動搖。這個看法不僅和思想家們的思維相吻合，而且和歐洲社會中，因自身利害關係與民主相違背而總是持有反對意見的重要階層的意願相契合，很快就有了它的一席之地；如今「大部分人的殘虐事件」已經被列入了政治思想的長鳴警鐘裡了，以便時刻注意防範。

與其他暴政如出一轍，大部分的暴政都是很可怕的，從最開始人們看

到，到現在習以為常卻依舊覺得可怕，這是由於它透過公共權威來執行。可是善於思考的人會意識到，如果社會就是暴君的話，社會便會對組成社會的個人，集體地進行施暴，這樣一來施暴的手段便不會只限制於透過其政府官員之手來進行。

社會可以而且也是在執行自身的詔令。如果它發佈的詔令是錯誤的不是正確的，又或者詔令中的內容是它不應該管理的事情，那麼它實際上就是在實施社會暴政；這一種社會暴政要比任何的政治迫害更加恐怖，雖然它的手段不是可怕的刑法，可是卻讓人無法逃脫，這是因為它深入到人們生活的各個細節，奴役到內心本身。

所以，僅僅防範政府的保證還不行；對流行觀念和流行情感的施暴更要防範，所以，社會想要透過行政處罰之外的方法來將本身的理念和做法當成行為標強加在意見不同的人身上，來限制所有和它本身不一樣的個性發展，更嚴重的話，如果有可能，還會阻礙形成這種個性，這樣便可以強迫全部人都要按照它的範本去塑造個人傾向——所有這些，也必須要嚴加防範。對於集體意見合法干預個人獨立，也必須要有限制；要確定限制並且維繫這個限制不要被破壞，這可以讓人類事務一直處於最佳狀態，就和防止政治專制同樣道理，都是非常必要的。

雖然說這個命題在一般情況下可能都不會遭到異議，可實際上這個限制究竟要怎麼劃分是一個難題。換句話說，要怎樣讓個人獨立和社會控制兩者更加平衡呢？這便是一個幾乎讓所有事務都等待處理的問題了。所有對人們有價值的東西，都有賴於對其他人行動的限制。所以，一定要有一些行為準則，首先要透過法律來限制一些事情，但是一些不適合透過法律來限制的事情，則需要透過輿論來管理。

那麼究竟都要有哪些準則呢？這便是人類事務裡最重要的問題；如果將一小部分顯而易見的事情排除掉，那麼也算是解決掉一少部分問題。沒有哪兩個年代，或者哪兩個國家，解決這個問題是一模一樣的；一個年代或者一個國家的決策，放在另外一個年代或者國家的話，就會顯得很奇怪。但是無論哪一個年代或者國家的人民，在面對這樣的問題時，都不會覺得有什麼難以理解，就如同是同樣的問題所有人的意見都不會一模一樣。如果要他們在其中得到公認的準則，這明擺著就是完全不可能的事情。這種很容易出現的錯覺就是在習俗的魔力影響下一個事例。

關於習俗，不僅像俗話說的第二種天性，甚至會被誤以為是第一天性。當人類互相強加在對方的行為準則出現異議時，習俗在阻止這一情況出現時會產生決定性作用，因為對於這種問題，通常人們都認為沒有必要解釋理由，不管是一對一解釋，還是對自己解釋。

因為人們都樂於相信，而且更容易受到追求哲學家性格的人的鼓舞而相信：在這種類型的問題上，他們的情感要比理性更好，所以理性似乎變得不再重要了。每個人內心裡的一種感覺是指導他們造就約束人類行為的實際原則，每個人都一定要按照它的要求去做，與此同時有著同樣感覺的人會很高興見到他們那麼做。

是的，任何人都不會承認他的判定標準是來源於他的個人喜好；可是在行為問題方面，沒有任何理由作為依據，就只能算作是個人的抉擇；假設提出的理由只能夠作為其他人具有的類似抉擇的理由，那也只能說很多人喜愛而已。

可是在一個普通人眼中，假設他本人的抉擇和別人的一樣，那麼對於他在對道德、興趣、或者禮節方面的觀念來說，不但是一個令人非常滿意的理由，還是他全部理由當中的唯一；在他的宗教信條當中可能沒有清楚寫明這些觀念，但即使是寫清楚了宗教信條，最終左右他思想的仍舊是他本人的理解。

由此可見，人們在讚揚或者貶低什麼的意見方面，依舊會受到他們在對別人行為的意願的各式各樣的理由的影響。可以左右人們的意願的原因，與規範人們在其他所有問題中的意願的原因是一致的，數量非常多。有些時候是因為他們的理性，有些時候是因為他們的偏見或者迷信；但絕大多數是因為他們的社交性的習慣，還有時候也是他們反社交性的喜好；是他們的嫉妒或者猜忌，是他們的傲慢自大或者輕視他人；但是最常見的是因為他們的私欲或者懼怕，換句話說就是他們合法或者非法的切身利益。

格外說明，假設哪一個國家當中有一個階級具有優勢，那麼這個國家的道德絕大多數都會來自於這個階級的利益和優越感。就如同斯巴達人和他們的奴隸赫勞特人之間的道德、殖民者和黑人奴隸之間的道德、君王和百姓之間的道德、貴族和平民之間的道德，甚至是男人和女人之間的道德，絕大多數都是建立在這種階級利益和優越感之上的；這種情況下滋生出來的情感轉過頭來又會影響優勢階級成員的道德情感。

另一方面，假設之前擁有優勢的階級沒有了優勢，或者優勢不服眾，那麼當下流行的道德情感一定會有著厭惡優越感的意思。

另外，被法律或者輿論認同的行為準則，不管是可行還是不可行的，一定有一個重要的、決定性的理由，就是人類對於他們現在的主子或者他們所信奉的神靈想像出來的喜歡和討厭的奴性服從。即使這種奴性服從是出於私欲，可是並不是虛偽的；它衍生出一種非常真實的憎惡感，它致使人們將術士和異端者燒死。

在其他很多較低的影響力當中，社會普遍的和明顯利益在道德情感的引導上也具有一分，而且還是能夠產生很大作用的一分。可是與其說這是因為理性和社會切身利益，倒不如說是因為社會利益而產生的愛與恨。這種愛與恨幾乎不會影響到社會利益，可是在建立道德規則方面，則會發揮很大影響。

由此可見，真正能夠起決定性作用的，在法律刑罰和輿論支持下要求人們遵守行為準則的主要因素，依舊是社會的喜好和厭惡，或者是社會裡擁有勢力的部分的喜好和厭惡。在這種情況下，通常在社會當中，一些思想和情感上都具有優先地位的人，也從來沒有在原則方面進行過攻擊，即便他們在某些細節方面會與它發生矛盾。他們甘願去研究社會的喜歡和厭惡，也不願意去質疑社會的喜歡和厭惡是不是會變成管理個人的法律。他們寧可在他們對異端學說的某一些特別的論點上去扭轉人類的情感，也不願意去和異端行為抗爭，維護自由。

在各個地方也有一些人按照原則採取了較高的立場，並且一直堅持著，這種情況只出現在宗教信仰方面。這種事情在很多方面都具有教育意義，在道德情感容易犯錯方面，不得不說這是一個很好的例證：

例如神學家的憎惡，對一個真誠執著的人來說，道德情感是最清楚的事例之一。那些率先打破一統教會枷鎖的人，一般都像那個教會那樣，容不得宗教有歧異。可是一旦衝突的高潮過去了，任何一派都沒有完全取勝，這個時候每一個教會或者教派都只能降低自己的希望，來守護住原有的陣地，而那些少數派看到自己已經沒有希望成為多數派時，便會被迫請求多數派允許他們有分歧。

所以在這場戰爭中，基本上只有這個戰爭中，個人反對社會的權利在原則的立場上被認可，而社會想用權威來壓迫異議者的要求被公開後，才會受到爭議。那些為世界創造享有宗教自由的偉大作家們，大部分都主張良心自由是不可以被廢除的權利，而且堅持一個人絕對不需要為自己的宗教信仰向別人作做出任何說明。

人類總是在與他們相關的事情上報以自然而然的不寬容。導致真正的宗教自由很少能夠出現，除非是把那些實在厭倦了神學之間相互爭吵不休，而對宗教採取漠不關心態度的人也算在宗教自由的範圍。

就算在一個號稱最為寬容的國家，在所有宗教人士看來，寬容的義務總是有其固定範圍的。有的人對於宗教政府方面的不同意見可以容忍，但是對宗教教條的不同理解這無法包容；有的人可以寬容所有人，但惟獨對於天主教或一神教徒深惡痛絕；有的人的寬容範度則僅限於有宗教信仰的人；還有的人儘管寬容已經到了最大化，但是遇到信任上帝和信任彼界相關的問題時，就無法接受了。

我們可以這樣說，整體來說，在多數人的意見依然很強烈的地方，大多數人還是會被多數人的傾向所影響，從而會去服從。

儘管因為由於一些特殊的政治歷史情況，英國和歐洲其他大多數國家比起來，相比較於法律的約束，輿論的約束更加強烈。立法權和行政權對於任何個人行為的直接干涉，都會引起人們的強烈嫉恨；而這種感情的產生，與其說是因為人們對於個人獨立被嚴重干涉而嫉恨，不如說是人們一直以來都把政府機構看作是與人們利益相反的對立。幾乎沒有太多人能夠感受到，政府擁有的權利其實就是他們自己擁有的權利，政府發佈的意見其實就是他們自己的意見。

如果他們真的明白了這一點，個人自由就會受到政府方便的侵害，就像被輿論侵害一樣。然而，只要法律開始嘗試去影響和控制現在還沒有被法律控制的事情，就會引起人們的普遍反對情緒，而從來不會去想那些事情是不是本來就應該在法律的合理範圍內；這樣的一種情緒，就當前來說還算健康，儘管在具體事件的利用上也會被誤用，但是總還是會有事實作為其依據的。

當前人們對於政府干涉個人行為究竟是正當還是不正當並沒有確定的、公認的原則，更多的時候僅僅是依據個人抉擇來判斷的。有些人總是會唆使政府去做那些在他們看來的好事，或者承擔某種災禍；有些人則寧願這樣的災禍由自己承擔，也不希望自己的任何個人事務摻雜了對政府干涉的忍受。

對於任何特定的事情，人總是習慣性地選擇一邊來站。而他們所依據的理由，或者是他們主觀情感上的下意識的決定，或者是根據在他們看來政府擬議的事情究竟是利是弊的程度；又或者根據在在他們看來政府的做法是不是他們希望看到的樣子；他們對於政府應當去什麼很少會持有一貫的觀點。

在我看來，因為我們對於政府對於個人行為干涉程度沒有確定的、公認的原則，所以一件事情無論是站在這一邊或者是對立面的人常常都在犯著同樣錯誤；人們總會或者過度地希望政府對個人生活介入干涉，或者對於任何干涉無論適當與否都一貫加以譴責。

本書就是要對此建立出一條簡單而準確的原則，對於所有社會對於個人行為的干涉或者控制，無論是基於法律懲罰的物質手段還是基於道德壓力下的精神譴責，都要嚴格遵守的一條原則。這條原則就是：人能能夠對於其他個體或者集體的行為自由進行干涉的唯一目的就是自我防衛。

也就是說，作為社會中的一員，如果說我們有正當權力使得一個人不按自己的意願行事，只能建立在阻止對於他人危害的基礎上。這種行為如果說僅僅為了自己的利益，不管是物質上的利益或者是精神上的享受，都不能夠作為有效地理由。

我們不能用任何理由去強迫一個人做什麼事情或者不做什麼事情，無論這樣的理由是為了他好，還是能夠讓他高興，或者是在他人看來這樣是正確的或者是明智的選擇；這絕對是不是正當的選擇，如果真的是基於這樣的一些理由，我們可以跟他解釋，辯論，規勸，說服，甚至是向他懇求，這些都是沒有問題的，但是絕對不能夠施加任何強迫和威脅比如告訴他如果不這樣就會受到什麼傷害等。這種強迫要成為正當的理由，除非他的行為危害了他人。

任何一個人的任何行為，只有對他人有影響的情況下才需要對社會負責；對於那些僅僅跟自己有關的部分，他是具有絕對的自由的。在這些方面，他對於他的心，他的身體，都是唯一的最高主權者。

我們談論的這樣的原則，是建立在那些心智和能力都已經達到成熟的人的基礎上的，而不針對那些孩子，或者那些未成年人。對於那些自身行為還需要他人照顧的人，不僅僅需要防禦外來的傷害，對自己的行為也需要加以防禦。所以同理，對於那些自身尚屬於未成年狀態的種族所表現出來的種種落後狀態，我們也可以暫時擱置不談。

人類在前進的歷史進程中，早期時困難重重，人們解決困難的手段也十分單一，沒有太多的選擇；所以，一個敢於開拓的統治者，為了達成一定的目標或者會不得已而使用任何的方法。專制政府就是用來治理野蠻人最合適的政府形式，只要其目標是為了讓他們的人生有多改變，那麼任何能夠有助於該目標實現的手段都可以認為是合理正當的。

自由這條原則，在人類尚沒有達到能夠實現自由的狀態下，是不適用的。在此之前，就是他們不幸，遇到了阿卡霸（Akbar）或者查理曼（Chatremagne）這樣的一位帝王，也只能夠保持無所懷疑的服從。

但是，人類只要達到那樣的狀態之下，能夠用勸告、引導或者說服來讓他們達到自我改善（這樣的狀態，我們早已經達到，這是我們必須要明確的），無論給予任何形式的強制或者對於沒有服從者給予任何的懲罰，都不能夠以帶給他們任何好處為理由，只能夠在為了保障他人不受傷害的前提下才算是正當行為。

我們必須指出的是，在本文中，那些對我有利的但是僅僅是從抽象權利（脫離功利而獨立）的概念引申出來的論點，我全部都不予採用。

誠然，在所有道德相關的問題上，我總是將最終的落腳點歸結於功利，但是我所說的功利是最廣義的，也就是以全人類的利益而存在的功利。

我要竭力說明的是，這樣的一些利益是具有一定權威性，對於那些與他有關的行為，是可以用來約束控制個人行為的。如果一個人做出了對他人有害的行為，那麼顯而易見，這是一樁必須施以懲罰的事情，無論是用法律給予懲罰，或者是法律不適用時道德上給予譴責。

另外還有一些積極正面的對他人有益的事情，也可以正當的要求強制人們去做。比如做為證人出席法庭；比如面對一場自衛戰爭；比如在一場為了社會共同利益的聯合行動中承擔公平的職責。

另外還包括一些單獨的有利益的事情，比如，面對一個無力自我保護又受虐的人的時候挺身而出，比如為了拯救他人的生命等等。總而言之，當明顯是一個人對社會負責的義務而他又沒有履行時，一定的強制是合理正當的。一個人不只是因為做出什麼行為而傷害他人，也有可能因為沒有做什麼事而帶來同樣的後果，這兩種情況下他們都需要為這樣的後果而承擔責任，這都是合理的。

當然，如果要施加強制的話，後一種情況比前一種情況需要更多的謹慎。一個人因為做了某事而傷害他人，要他為其負責，這是理所當然的；但是他對災禍沒有做出有效防止，要他為其結果而負責，這是要視情況而定的。

但是如果二者之間具有明顯聯繫或後果足夠嚴重，那麼要去負責也是正當的。一個人所涉及的與他人有關的所有事情，因為與他人利益相關，所以在法律上都必須負責，而且作為社會的保護者在一定狀況下也需要擔負責任。

當然在某些情況下，不要求他們擔責，但這通常是一些特殊的權宜之計，大概可能因為以下的這樣一些原因：社會對其的判斷不如他自己臨機處理更好；或者如果他試圖控制，則可能產生更嚴重的後果，比不予干涉後果

更甚。我們必須指出的是，儘管這是一些可以免責的理由，但是，必須要當事人本著自己的良心作出的公正判斷，去保護那些未受保護的他人利益，因為這樣的事並不需要他面對自己的同胞而有所交代，所以他必須對自己有更加嚴格的要求。

然而也有這樣一類行為，他們對於他人對社會利益的影響，只是（如果一定說有的話）一種間接的。這類的行為通常其影響範圍只為自己的全部，或者說如果能夠影響到他人的話，也是在他人自願接受，或者未經欺騙的同意參加的情況下。當然必須重點指出的是，這樣的行為只影響自己的全部，指的是直接影響，因為任何對自己有影響的事都可以透過自己，再影響到他人，這是不得而知的。正因為其不得而知，所以對這樣的行為的反對也必須多方權衡。

☆如此說來，人類自由恰當的領域包括：

第一：人的意識境地，享有最廣泛的良心自由。

包括思想和感想自由；無論其思考的或行為的是科學的、道德還是神學的，在所有問題的意見和情操上都享有絕對自由。至於發表意見和刊登意見的自由，因為對他人會有所干涉，因此本應是另一問題的範圍；但其與思想自由有幾乎相同的意義，並且支持他們成立的理由大多相同，所以這與思想自由是密不可分的。

第二：人的趣味和志趣享有自由。

人享有按照自身性格規劃自己生活的絕對自由；享有在不規避其後果的情況下做自己喜歡做的事的絕對自由。只要對他人沒有傷害，無論這種自由在我們看來是如何荒謬愚蠢，都不應當對他們進行阻礙和干涉。

第三：因為彼此享有這樣的自由，在這樣的基礎上仍享有相互聯合自由。

換句話說，人可以自由聯合，只要彼此都不以傷害他人為目的，參與者都是成年人，並且參與者都是自願參加，而非受迫或受騙。

對於上述所說的自由，一個沒有對其完全尊重的社會，不管其有怎樣的政府形式，都不能算是一個自由社會；上述自由在任何一個自由社會，都是絕對的和不受限制的存在。所謂名副其實的自由，就是我們可以完全依照自己的想法去追尋自己的利益的自由；只要我們沒有干涉他人的這種自由，並且對於他人獲得這種自由的努力未加妨礙即可。

一個人健康與否，無論是身體健康、心靈健康或是智力健康，自己都是最好的監護者。相比讓每個人都按照他人認為好的方式去生活，照自己認為好的方式去生活，無疑會收穫良多。

儘管這條教義並非首次被提出，在很多人看來也是不言而明，但是與現在流行的意見和實踐卻相違背。社會總是在盡其全力地向民眾灌輸其優越性，並且強迫人們接受。用公共權力去制約個人行為，在古代共和國時期被認為是合理合法的，並且得到了當時哲學家們的擁護；他們所持的依據就是國家對於公民的全部體力和智力訓練應當擔負責任。

而那些強敵環繞的小共和國，時刻面臨著外來攻擊或內部騷亂，只要稍有鬆懈，或許就有亡國的危險，所以也就無法期待自由所產生的深遠影響——即使在這些小共和國，自由的觀念已經得到認可。到了近代，政治體量逐漸增大，靈界俗界權威分離（這也就導致人們對於良心的指導，由不受控的俗世事務之手來實現），這也就使得法律無法對於個人事務大量干涉和影響，然而道德壓迫的機器卻更加活躍，他們違背統治者的意見，對於個人事務的干涉越來越多，甚至比對社會性事物的影響還大。

而這所有道德情緒中最明顯的就是宗教，他要麼被教吏團的野心控制——進而控制人類的全部行為——要麼被清教徒的精神控制。即使是近代一些宗教改革的大力提倡者，他們對於精神統治的主張比較舊的教會也不遑多讓。這裡要特別指出的就是孔德（Comte），他在《論現實的政治》一書中提出的社會思想體系，其社會對個人的專制程度（儘管更多的是用道德工具），大大超過了古代最嚴格紀律者的政治理想。

除了思想家們的個人學說，當今世界還有另外一種言論傾向在日益增長，讓社會淩駕於個人的權利，透過輿論、法律進一步擴大。由此我們也可以看到，這方面世界的變化更趨向於強化社會權力，而弱化個人權力，所以這樣的侵蝕只會越來越重，而不會逐漸減弱，直至消失。不管是統治者還是

普通公民，人們總是傾向於用自己的想法和意見來要求他人，而且無法避免地受到人性中最好的和最壞的情緒的有力支持，除了是權力減弱以外幾乎無法控制。而權力又在不斷增強，如果不能夠用一條道德信念的堤壩來阻止這樣的趨勢，我們就再也無能為力了。

本文為了方便討論，並非從一開始就直接進入這個論題，而是從一個分支入手，在這一分支之中，我們所列舉的原則，即使不全是也在一定程度上被流行意見所接受。第一分支就是思想自由，當然也包括與他密切相關的言論自由和寫作自由。儘管這些自由在那些自稱宗教寬容和自由制度的國家，已經具有了一定的力量，但是支持這種力量的哲學或實踐上的論據，對大多數人來說並不熟悉，甚至那些輿論領導者也並非如同期待的那樣有很深的認識。

這些根據，只要能夠被深入理解，不僅可以運用於總題的這一部分，還可以得到更廣泛的運用；換句話說，在這一分支上的透徹闡述，也是為所有論題所做的最好導言。當然我要指出的是，對於一些人來說這樣的理論並不新奇；如果他們在抱怨我還在討論這個三個世紀以來在爭論不休的問題，那麼我也只能說聲抱歉了。

第二章　論思想言論自由

需要將「出版自由」當作對抗專制腐朽政府的保障之一來保護，希望這樣的時代已經過去。現在我們假設這樣一種無需論證的狀態，對於那些與人民的根本利益不相符合的立法，或行政機關強加給人民意志，並且只向人民傳達規定的教義或論斷，人民會反對。而且，已經有很多作家對這問題的這個方面做出了深入的探討，取得了有效的成果，所以，我就不再贅述了

第二章　論思想言論自由

需要將「出版自由」當作對抗專制腐朽政府的保障之一來保護，希望這樣的時代已經過去。現在我們假設這樣一種無需論證的狀態，對於那些與人民的根本利益不相符合的立法，或行政機關強加給人民意志，並且只向人民傳達規定的教義或論斷，人民會反對。而且，已經有很多作家對這問題的這個方面做出了深入的探討，取得了有效的成果，所以，我就不再贅述了。

今天，英國與出版有關的法律依然如同都鐸爾（Tudors）王朝時代一樣奴性十足，但在執行過程中也不至於因為政治討論帶來災難，除非是因為一些恐慌而讓王公大臣和法官們因為擔心叛亂而恐慌無措。通常來說，在君主立憲政體下的國家，顧忌政府——不管這個政府本身是否服從人民利益——常常干預言論是毫無必要的，除非他是作為普通公眾的代表來執行。

就在寫到這裡的時候，剛好發佈了一八五八年的「政府檢舉出版條例」，好像為我這番話做了一個很好的對比。然而，對於討論自由的這一干涉行為沒有引發我對本居內容做哪怕一個字的改動，對我的信念也無絲毫動搖：除非遇到了恐慌時間，用刑罰的方式來對抗政治討論的時代已經一去不復返了。因為，首先，這一條例並沒有成功延續下去；其次，嚴格來說，這並非政治性的檢舉。條例中的罪行，並不是針對制度，也不是針對統治者的作為和人格，而是對一種不正當教養的傳播，也就是宣導誅殺暴君的合理性。

作為一個倫理信念問題，無論是怎樣的教養，即使不道德，也必須給予充分的宣傳和討論的自由。因此，誅殺暴君是不是合理的道德，與本章命題實無太大關係，也沒有在這裡探討的必要。但我還是有幾點做出說明：

(1)這是一個一直以來長期存在的公開道德問題。

(2)一個公民對一個罪人——暴君是居於法律之上，法律無法控制的罪人——的誅殺，在幾乎所有民族看來，都是一種值得歌頌的高尚行為，而絕非犯罪。

(3)不管該行為是否正確，但是與其將其看成暗殺，不如看作內戰。此外，說到行動的煽動，在我看來，在具體的案件中，可以將其作為懲罰物件，然而必須確認隨後有行動的發生並且能夠直接找到行動與煽動之間必然的聯繫在。最後，只有受到攻擊的自身來處罰以顛覆為最終目的的攻擊方能看作合法，若有其他政府參與，則不合法。

如此說來，我們假設政府與人民的利益是完全一致的，那麼除非他認為是符合人民利益的，否則就不會透過權力進行壓制。但是，我不認可的正是人民運用這權力，不管是他們自己行動或是透過政府實施，這種權力存在就不合法。即使是最好的政府，也未必比最壞的政府更有資格運用這樣的權力。不管運用這種權力是響應人民的訴求還是違反人民的訴求，都是有害的，甚至前者危害更甚。

我們假設，全體人類中幾乎所有人都看法一致，只有一人與之相反。在這種情況下，讓那一個人保持沉默（如果有這樣的權力）並不比讓其他所有人保持沉默更加合理。如果一種意見被看作是持有者的私人物品，與其他人毫無關係，那麼阻礙這種意見的表達就是對私人利益的侵害；當然，這種侵害涉及的是多數人還是少數人的時候會有所不同。

然而，讓一個意見不能夠表達，事實上是掠奪全人類的一種罪惡，無論是對現在的人還是子孫後代，這種損害比起持有者來說反對者損失更大。假如一種正確的意見被壓制，他們就會與真理擦肩而過；假如一種錯誤的意見被壓制，他們幾乎同樣損失頗重，因為真理與錯誤的交鋒能夠說明人們加深對真理清晰的認識和鮮活的形象。

接下來，我們會對上面兩條假設逐一分析，其各自的論據各不相同。這裡有兩個需要闡述的論點：

第一，任何時候我們都不能確認我們在竭力壓制的一個意見是真正的謬誤。

第二，即使我們確認正被我們壓制的是一個謬誤，但壓制就是罪惡的。

首先，那個正在被我們用權力否決的意見或許是正確的。否決這個意見，就必須要證明它是不正確的。但人人都會犯錯，他們無權代表全人類做出決定，或把任何一個人排除在判斷之外。一旦他們認為某個意見是錯誤的，便會拒絕接受，然而這只建立在他們的正確性與絕對的正確性相同的前提下。所有壓制意見的行為，都是在這樣的前提下。如果要判罪的話，這個普遍的論據就成為依據，但不因為它的普遍而不會成為罪行。

相對於人類卓越的辨識能力，人類在實踐中的判斷能力遠遠低於理論上認為可以達到的水準。也就是說，每個人都認為自己會犯錯，但卻幾乎沒有人想方設法去預防和避免錯誤，也很少有人會發現，在他們看來無比確信的意見或許與他們以前所認為自己容易犯的錯誤是相同的。那些專制的帝王，以及總是被人們無限尊崇的人，幾乎在所有一切問題上，對自己的判斷都信心十足。

而有些人總對自己以及身邊的人所尊崇的人們所持有的共有意見全盤接納，幸運的是，他們還會聽到一些與自己相反的意見，雖然即使明知是錯，也並不願意被人指出；因為如果一個人沒有信心獨立做出判斷，他就會毫不猶豫的撲向他們認為的一般「世界」，他們認為在這裡是沒有謬誤的。然而這個一般世界，對任何一個人來說，僅僅是他接觸到的世界的一小部分，比如他的社會團體、黨派、宗教或社會階層。

如果有人認為他的一般世界包含了他所在的整個國家，以及他所生活的整個時代，這樣的話，它就幾乎成為一個擁有寬廣胸懷的自由主義者了。對於其一般世界權威的無限信仰，絲毫不會因為明知在不同時代，不同國度，不同黨派，不同教會曾經或正在出現完全相反的思想而有一點點動搖。他本有權利反對不同的意見，但他將這個權力和責任全部交給了他所信仰的世界。

然而他不知道的是，大千世界中決定了他在這裡而不是在那裡，信仰這個而不是信仰那個的真正原因或許只是一次偶然。他沒想過或許他成為倫敦牧師的機緣巧合，如果發生在北京，他會成為一個虔誠的佛教徒或者儒學者——也是他從來都漠不關心的問題。

然而有一點還是很清楚的，不需要用很多論據來闡述，相對於個人來說，時代或許會犯更多的錯誤；我們想一想，在過去的每個時代都曾經流傳著很多後來看起來極度荒謬的說法；由此可見，在當下流行的那些意見或許在未來也會受到批判，就如同我們現在批判過去的那些流行意見一樣。

有人可能會對上面的論述展開反駁，在我看來或許會用以下的方式。有人會說，相對於用權威來壓制意見來說，禁止宣揚謬誤，並沒有更多的認定其絕對正確性。為了人們可以運用這種判斷所以將其傳給人們。但不能因為判斷有可能會被錯誤運用，就禁止利用。他們在盡其本心，履行義務的前提下行動，去禁止他們認為有害的事情，儘管依然存在著錯誤的可能性，但這並不等於被要求毫無錯誤。如果我們因為自己的意見或許會發生錯誤，而不照此展開行動，這就意味著我們放棄了對自身利益的控制，也逃避了我們該承擔的義務。

一種可以反駁任何行為的理論，必然在面對某個特定行為時不能天衣無縫的去反駁。這既是政府的責任，也是個人的責任，要提出他們能夠提出的正確度最高的意見，仔細謹慎的思索，並且在沒有十分確信這種意見是正確的情況下不會將這種意見強加在別人頭上。

如果一旦對形成的這種意見十分確信（反駁者或許會這樣說），如果還不敢勇於承擔，遵從這個意見行事，並且，對於那些有可能會危害到人類生活或他人利益的言論不加制止任其傳播，這就不是忠於內心，而是趨於怯弱了。由於在以前不夠民主的時代，有些持有現在被認為是真理的意見的人遭受到了迫害，於是就不斷有人會提醒說，要謹慎一點，不要踩進同一條河流。

然而，儘管國家和人民都犯過錯誤，但依然不影響在這些事情上繼續他們的權威。他們曾經徵收苛捐雜稅，曾經發動不義戰爭，難道因此他們就不再徵稅，也不會再捲入戰爭了嗎？在這些活動中，公眾和政府依然盡其所能。這個世界上從來就不存在絕對的正確，但我們應盡力充分保障人們的各種生存目的。我們在展開行動的時候必須假設自己的意見是完全正確的，那為什麼當我們去制止那些謬誤或者會有害於社會的言論的時候，就不能也做如此假設呢？

針對這種反駁，我的回答是，假設的太多。任何一種意見，因為在各個場合的爭論中均沒有被駁倒因此假定其為正確的，並不代表著不允許對其進行辯駁也代表著其為正確的。這兩者之間是有著本質區別的。我們之所以因為一種行動的必須展開，而假設某種意見是正確的，正是建立在對其完全自由和公開的批駁基礎上，只有人類具有的強大精神能力使其得到正確的保障。

我們嘗試思索一下人類的意見發展史以及人類在生活中的日常行為，是什麼原因導致一個人沒有變成比他當前更壞的一個人呢？當然肯定不會是人類思維中本身就具備的東西，因為面對一個難題，或許一百個人中只有一個人具有一定的應對能力，另外九十九個人都是束手無策，僅有的那一個人的能力也只是相對而言。正如我們所知，曾經的年代裡，有無數的能力超凡的人提出過許多在我們現在看來都是錯誤的看法，也做過很多在我們現在看來只有極少數人甚至沒有人會認可的事情。

但是在人類長河歷史中，整體來說還是理性的思維和行為佔據更多優勢，這又是為什麼呢？如果說這種優勢存在——必定存在，否則人類的發展就會一直處於停滯——最重要的原因就是人天生具有一種品格，這也是人類的智慧和道德這些可貴因素的根源，那就是人可以犯錯但可以不斷改錯。在經驗的基礎上不斷討論，不斷改錯，不斷進步。

僅僅依靠經驗遠遠不足，必須有討論加以更好的解釋經驗。錯誤的看法和行為必將逐漸地服從於事實以及有力的論證。但要想讓事實或論證有更強的說服力，就必須讓他們走向前台。但如果不能指出事實中蘊藏的含義，事實是不會講出道理的。

所以，人類的判斷之所以可貴，核心就在錯而能改；當糾錯的手段被我們牢牢掌握的時候，我們才會對其報以深深的信賴。一個判斷總是能得到信任的人，他是如何做到的呢？只是因為他總是真誠的對待那些反對的意見和不同的看法，只是因為他總是仔細傾聽所有被提出的反對他的話語，並且從其中所有正確的東西裡汲取經驗，不管對自己或是對別人，總是嘗試將那些虛妄的東西清晰化。

只是因為他深深的清楚，一個人竭盡全力也未必可以知道一件事的所有方面，唯一的辦法就是綜合各種不同角度看待這件事的人的不同看法，深入研究不同角度所看到的結果。一個人要想變得聰明，這也是唯一的一條路；這也是全人類智慧進步的唯一之路。用一種習慣性的思維，結合他人的意見來互相佐證使自己的看法得以修正使其更加完備，只要沒有讓行動造成延遲或耽誤，在這樣的基礎上對那個意見可以報以正當的信任。

總而言之，一個人已經聽到了所有（至少是能夠聽到的所有）與自己不同的意見，並且對這些意見採取了合理的反駁——這種反駁本身是為了尋求質疑而不是不敢面對，並且確實相信自己沒有遮擋任何地方可以投射到這個問題上的光線——那麼，他理所當然地可以認為自己的判斷相比較那些沒有經歷這一過程的人或團體更具優勢。

即使是人類中最智慧的也最有能力幫助人們做出判斷並且可以作為其他人判斷依據的人，他們的意見依然需要拿給公眾去審核，儘管公眾中或許只包括少數智者而大多數是愚人。即使所有教會中是被稱為最為專制的天主教會，他們在受封聖徒時，也依然有傾聽「魔鬼的申辯」這樣相對開明的行為。如此說來，即使是人類中最偉大的人，沒有經歷魔鬼對他攻訐並且一一澄清，對他身後的榮譽也是不能肯定的。就如同牛頓的哲學，如果沒有經過許許多多的質疑，或許人們也不會像現在這樣對其正確性有堅強的信心。

人類的所有真理，其最堅強的保障就在，有一份對全世界所有人的邀請，隨時可以來證明這些真理是錯誤的。如果連這樣的挑戰都不敢應對，或者接受了挑戰卻遭到失敗，說明我們還遠遠未趨於正確；但即使是這樣，我們也已經做到了人類理智範圍內能做到的最大的努力，至少我們沒有失去讓真理來到我們身邊的機會。如果將真理登記表一直開放，我們希望更多的真理將會在人類心靈可以接受的時候來到我們身邊；我們也可以這樣認為，今天我們行走在不斷追尋真理的道路上，這條道路就是一條不斷增加確定性錯誤數量的道路，這也是唯一之路。

讓人疑惑的是，對於自由討論，許多人都已經持有肯定的態度，但又不願意將這些論據極端化。他們不明白，所有的論據，如果在極端事情上都不具效果，那麼在任何事情上也沒有效果。讓人疑惑的是，他們一邊認為可以讓所有帶有疑問的事情自由討論，但又認為一些特殊的原則或教義無比正確——他們確定其無比正確——所以不能質疑，還認為這不是冒認絕對正確性。要知道任何問題，如果還有一個人沒有認可，就不可對其判斷，如果此時我們宣稱其為正確，那就是把我們，包括認可我們意見的人一起看成了正確性的裁判，而且還是一個不能聽取意見裁判。

在被認為「乏於篤信怖於懷疑」的當今時代——與其確定看法是否正確，不如相信若沒有這些看法便茫然失措——是否要將一種觀點保護起來不受大眾攻擊，更多的不是取決於觀點是否正確，而是取決於觀點對社會有多重要。人們宣稱，一些觀點對社會公眾利益是有利的——且先不說是不是不可或缺，所以政府有責任支持並保護他們，就像保護社會公眾利益一樣。對這些完全屬於政府內部事務的事，人們認為就是一種絕對正確的事情，政府有義務也有權利，甚至在人民的要求下，在社會公眾的支持下展開行動。

人們還經常這樣說，更會這樣想，對於那些正確的觀念，只有壞人才妄圖去破壞；因此阻止了壞人想作之事就一定是正確的。這種說法的荒謬在於，把抑制討論合理化的原因歸結為教義的有用性而不是其正確性，從而達到迎合那些包括他們自己在內的從不承認意見不會錯誤的裁判者。他們這樣的迎合行為毫無意義，因為他們只是把絕對正確性，從一方面轉換到另一方面。一個觀點是否有用本身也是一個問題，和那個問題自身一樣需要討論，甚至需要更多的討論。

無論是想要證明一個觀點是無用的，還是要證明一個觀點是錯的，在最終結論沒有得到充分辯護的前提下，依然需要一個絕對正確的裁判者。進一步說，如果一個持反對意見的人禁止他為自己的論點的正確性辯護，那麼如果他要為自己的論點的錯誤性和有用性辯護，也是不被許可的。

任何一個觀點，正確性只是他有用性的一部分。如果我們想要證明某一觀點是否有用，難道我們不需要先確認它是否正確嗎？即使是一個卓越的人，或許也想不出有任何一個觀點是有用的但是錯誤的。

如果一個人不承認某項教義是人們所說的有用卻他堅持認為教義錯誤，這樣一個褻瀆者，你能拒絕他為這一說法辯護嗎？事實上，大多和公認的意見保持一致的人，總是盡一切可能對這一問題進行辯解，並且從來不會，將問題的有用性和問題的正確性完全分離。

與之相反，正是由於這些教義是「絕對的真理」，所以對於其必須保持絕對的信任。如果對於觀點有用性的討論上，有一個論據可以用於此處，卻不可以用於彼岸，就不會產生真正公正的討論。而且，實際上來說，如果一

個意見的正確性在法律上或人民的情緒中禁止被討論，那麼對於那個意見的有用性的討論也同樣會被禁止。他們能做出的最大寬容僅僅是將意見的正確性略微降低，或將其罪惡性稍稍減弱。

因為在意見的判斷中加入了先入為主的認可，於是將所有的反對意見全部拒之門外是十分有害的，為了更好的說明我將用一種具體的事情來加以討論；我寧願選取一些對我最不利的事情。

換句話說，在對那些事情的正確性和有用性的討論中，有著強有力的反對意見的論據。我姑且把這個問題定為信仰上帝或是彼岸，或者是其他任何一個公認的與道德有關的教義。在這樣的一場爭論中，對方優勢極大，並非公平；因為他們一定會這樣說（那些不要公平的人心中默念）：難道這樣的一些真理還不能完全正確而被法律保護來實施嗎？難道這種觀點中也包括信仰上帝嗎，如果說是你會不會就會說冒認了絕對正確性呢？

坦白來說，我並不認為確認任何一條教義就是冒認絕對正確性。我所說的冒認絕對正確性，指的是說對於問題的裁判者在判斷問題之前沒有聽取不同意見的完全陳述，這樣的行為，即使在我最嚴謹的觀念裡，也是冒認絕對正確性，應該得到完全的斥責和責難。

一個人不管他的觀點如何有理有據，不僅談到了觀點的錯誤性，也涉及了（姑且用我最鄙視的詞語）其不道德性和對神的不尊重；然而，只要他要做出自己所堅持的判斷時——儘管也擁有公眾的支持——阻礙了任何針對這個問題的意見，他就是冒認絕對正確性。這種冒認行為不會因為反對的意見如何不道德，或是如何對神不尊重就降低了其危害性，這正是與其意見有關而最嚴重的。

就是在那些不道德或者對神不夠尊重的名義下，一些人足以犯下了令後人感到恐怖和詫異的巨大錯誤。這類事件在歷史上屢見不鮮，不可磨滅。那時的法律竟然被用來剷除最優秀的人，破壞最尊貴的教義，而且取得了令人心痛的成功。而有些流傳至今的教義，恰恰成為（就像諷刺一般）他們做那些曾與他們的公認解釋持相反意見的人所做的同樣的事的最好掩護。

曾經有個叫蘇格拉底的人，他與當時的法律權威和社會公共意見之間產

生了巨大的衝突，這件事情在人類歷史上總是被頻頻提起。蘇格拉底生活在一個散發著人性光輝的年代和國家，對他和那個時代有一定瞭解的人都把他看作當時最具道德和智慧的人並流傳至今；我們也知道他是其後道德導師的宗師和精神領袖，崇高靈性的柏拉圖和明敏功利主義的亞里斯多德——「調配健全色調的兩位巨匠」，哲學的兩個源頭——同樣都是出自蘇格拉底門下。

這樣一位舉世公認的迄今為止最傑出的一代哲學宗師——其聲譽在兩千年後依然長盛不衰，並且成為他的國度中最耀眼的名字——竟然在法庭的法官判決下，以不道德和對神不夠尊重的罪名被判處死刑。罪名中所謂的對神不尊重，控方就是認為他不信國家信奉的神，他被斥責不信仰任何神靈（參見「謝罪」篇）；而罪名中的道德敗壞，就是說他用他的教義和教導「敗壞了青年」。在這場審判中，一切的證據都可以表明有一點是毋庸置疑的，法官是發自肺腑的認為蘇格拉底有罪，於是這個人類歷史中或許最優秀的人就這樣被處決了。

再拿一件司法罪惡為例，這件事比起蘇格拉底之死來說其罪惡程度不遑多讓，這就是加爾瓦雷事件，發生在一千八百多年以前。凡是瞭解加爾瓦雷的生活，或聽到他的相關話語的人，都會對他道德之崇高留下不可磨滅印象，以至於在他死後一千八百多年以來人們都把他當作上帝的化身來崇拜。然而他也被卑劣的處決了。處決他的罪名是什麼呢？褻瀆神靈！人們不僅大大誤解了這個常常施惠與人的人，而且完全把他看成了與之相反的人。那些曾經把他當作褻瀆神靈的惡魔的人，而今天又因為曾經的所作所為而被認為是褻瀆神靈的惡魔。

這兩件人類歷史上的悲劇，尤其是基於加爾瓦雷事件的極度震撼，又使得人們對事件的主宰者加以極為不公的論斷。那些主宰者從每個角度來看，都不能稱之為壞人，和普通人一樣甚至恰恰相反還好於很多人；他們具有強烈的，遠勝當時那個年代和公眾所具有的宗教道德和國家情感；他們和每個時代都有的那種在一生中備受尊重而不曾受到任何譴責的人一樣。

當那位控訴加爾瓦雷的大牧師，撕扯著自己的袍服，用極度恐懼和憤懣

的聲音，念出在當時觀念下足以被認為是最重罪行的控訴之詞時，我們完全相信，那是發自肺腑的，就如同現在一個萬分虔誠之人在宗教和道德面前所表現出的真誠一樣。與此相同，大多數在現在為他的行為而感到憤怒的人，如果身為一個猶太人生活在那個年代，也一定採取了和他相同的做法。一些傳統基督教徒總是會認為，那些像第一批殉道者扔出石頭的人一定比自己壞，他們不要忘記，在那些人中有一個人是聖保羅。

為了更清楚地說明用智慧和道德來衡量這個問題的錯誤性，我們再舉一個動人心弦的例子。如果說一定有一個人既擁有莫大的權力，還有理由被認為是那個時代最開明之人。

這個人一定是馬卡斯奧呂亞斯大帝。作為一位聞名世界的專制君主，一方面他窮極一生擁有完美的公平公正，而且他擁有一顆從斯多葛學派的文化教養中磨礪出的最善良的心。

如果一定說他有什麼缺點，就是在某方面會有些放縱。而他留下的著作是在那個時代的最崇高的道德理論，幾乎與基督的教義不相上下，除了一些微乎其微的差異。除去教條主義，他幾乎比基督教任何一位著名的卓越領袖都更加開明優秀，就是這樣一個人基督徒，竟然破壞了基督教。

他站在當時人類智慧之巔，他擁有開明的思維和創造性，在他的道德著作中處處展現著基督理想，然而他居然無法分清基督教對於世界是福祉而不是災難。他也明白當時社會之悲慘。

然而，他看到或者說希望看到這個世界是建立在對公認的神的信奉基礎上，從而聯繫在一起而不是四分五裂。作為一個人類的領袖，他認定讓世界統一是他應盡的義務，然而他不明白的是當前社會之間的聯繫是怎樣的，在慢慢消除舊的社會樞紐的同時，新的社會樞紐又如何能夠將社會重新聯繫。新宗教就是以解除現存樞紐為目標的。所以，要麼他就會採納新的宗教，要麼就盡自己的責任將取消滅。

在他看來，基督教的教義並非真理，並非來自神的指示，他難以相信上帝被釘死在十字架上這樣的奇談怪論，而這樣一個以他充滿質疑的事實為基礎建構的思想體系，他當然不希望由其驅動社會樞紐之調整（儘管在經過削弱後證明依然如此）；因此這位性格溫和，可親可敬的哲人統治者，在心中神聖的職責驅使下，展開了對基督教的迫害。這是我心中也是全人類歷史上最悲劇的事實。

我總是在假想，馬卡斯奧呂亞斯如果對基督教庇護並促使其成為國教，而不用等到君士坦丁時期，那麼當今的基督教會是怎樣的不同。每每想到如此，我便痛苦萬分。我們需要清楚的是馬卡斯奧呂亞斯用來懲罰反基督教義的所有觀點全部都被運用到懲罰基督教上。我們必須要公正公平的看到這一點，否則便失去公平也違反了事實。如果說無神論是錯誤的並且能夠導致世界解體，恐怕沒有任何一個基督徒認可。

馬卡斯奧呂亞斯就這樣認為，而且恐怕找不到比他更堅定者了；然而就是這樣一個他已經是當時被認為對基督教有最深理解的人了。因此，那些對懲罰傳播意見者，如果你不認為自己比馬卡奧斯呂亞斯更加優秀——擁有比它更加超越時代而又根植當時的智慧，比他更有動力去追求真理，比他更有動力去堅守真理——應當深深警醒，切不可雙重假定自己和公眾的絕對正確性。要知道，偉大的安徒尼拿斯（Antoninus）做同樣的事也得到了令人不幸的結果。

那些反對宗教自由的人也慢慢意識到，如果不能用什麼理由證明馬卡斯·安徒尼拿斯是正當的，就無法為那些用懲罰的方式來約束不符合教義的意見的行為來辯護。在被步步緊逼的時候，有時候他們也會承認這樣的說法。他們按照約翰生博士（Dr. Jonson）的說法承認對基督教的迫害，一定程度上也是對的，這是對洩漏天機的懲罰，真理早晚會顯現出來，並且總會最終獲得勝利，法律不可能永遠做到反抗真理，儘管有的時候在錯的時間法律反抗真理但是有時也會出現好的結果。這是在為宗教上的不寬容進行了辯解，並且這種辯解要引起重視，不可忘記過去。

對於那些因為迫害並沒有殺死真理，於是便聲稱迫害真理是正當之舉的說法，雖然我們不能將其視為對新真理滿懷敵意而斥責，但那樣對待那些給全人類帶來利益的人那從而讓全人類對其有所虧欠的方式，我們實在無法將其視為寬厚。

要知道，發現一些對世界有重大影響而又不為世人所知的東西，告訴世人對於某些有關人和神的重大利益點上前人的看法有誤，這是一個人對整個人類世界做出的重大貢獻，這在一定程度上和基督教的早期創始者和後來的改革者擁有同樣的重大意義，即使是與約翰生博士有相同看法的人，也相信這是人類社會的瑰寶。

然而那些為人類做出重大貢獻的人最終得到的卻是以身殉道的回報，世人把他們當作萬惡的罪人來對待，而這個學說卻認為，這並不是人類犯下的應當用披麻戴孝的儀式來哀悼的悲痛和錯誤，而將其看作是正常狀態。按照這個學說的意思，所有想去提出一條新真理的人，就需要像樂克力人提出一條新法律一樣，脖子上套好一條繩索，站在立法大會中，一旦經過他的陳述，如果這條新的法律沒有被大眾透過而予以接納，便立刻收緊繩索予以勒死。贊同用這種方法對待施惠者，我無法想像他們對於這些恩惠有何評價，在我看來，提出這一想法的人或許在一定程度上對新真理表示認可，只是認為真理已經足夠多。

真理一定戰勝迫害的說法，在我看來只是一個樂觀的謬誤。人們一直在這樣口耳相傳，直到成為陳腔濫調，然而很多事實都證明了不是如此。歷史上迫害戰勝真理的例子比比皆是。就算不是永遠戰勝，也會讓真理倒退數百年。以宗教改革為例，在路德之前，至少有二十多次的宗教改革都被殘酷鎮壓。

勃呂西亞的阿洛德（Arnold of Bresica）失敗了，多爾契諾（Fra Dolcino）失敗了，撒旺那羅拉（Savonarola）失敗了，阿爾拜羅之徒（Albifeois）失敗了，佛奧杜之徒（Vaudois）失敗了，樂拉之徒（Lollards）失敗了，胡思之徒（Hussites）失敗了。就算在路德宗教改革以後，那些堅持對新教迫害的地方，也總是能夠成功。西班牙、義大利、東西佛蘭德（Flanders），以及奧地利，新教基本被完全消除；就是在英國，如果瑪麗女王（Queen Mary）沒死，或者伊莉莎白女王（Queen Elizabeth）死了，新教也就不存在了。除去那些異教徒已經成功取得政權優勢而迫害無法達到的地方，這種迫害是一直存在並成功的。

或許沒有人相信，基督教在羅馬帝國曾經幾乎被完全清除。之所以能夠持續傳播，並且最終取得勝利，其主要原因在於，每次迫害都是間斷發生，並且每次都沒有持續很久，而在間隔期間，都經歷了很長一段時間未加約束的空白期。由此我們也可以看出，如果說因為它是真理它就有其固有的堅強力量能夠戰勝謬誤，即使面對監獄經受酷刑也依然能夠勝出，這樣的說法顯然是空泛之談。要知道人們對於真理的熱情，往往並沒有超過對謬誤的熱情，一旦運用法律等武器哪怕只是社會性的懲罰，或許就能夠成功制止真理的宣傳。

真理，其真正強大的生命力在於，只要是正確的意見，或許會被一次、兩次、多次的被壓制，但在人類的發展進程中，總會有人不斷的將其發掘出來，直到有一次遇到合適的機會得以免受迫害破繭而出，擁有能夠成功抵制日後可能再來的一切迫害的能力，最終綻放光芒。

或許有人會說，現在我們對於提出新意見的人的觀念已經不同了，不會再像我們的先人一樣屠殺先知者，甚至我們會為他們舉辦葬禮。沒錯，我們不會再殺死異端了，即使在面對極端危害的意見，現代輿情對其的反擊也遠遠不足以根除那種意見。然而，如果我們認為現在已經完全不用擔心法律的迫害了，這完全是自己在奉承自己。法律中依然存在著對意見的懲罰，至少存在著對於發表意見者的懲罰。對於這樣的懲罰不乏例子，就在近代仍然有很多，甚至讓人們感覺曾經的那種迫害早晚有一天會重現。

就在一八五七年，一個可憐的人走上了康沃郡的夏季巡迴裁判庭，這個人生活平平凡凡、庸庸碌碌，只是因為說過並在門上寫了幾句觸犯基督的話，最終被判處21個月的有期徒刑。同月，在舊百雷，有兩個誠實的承認自己是無神主義者的人，因此被取消了陪審員的資格，推事和律師還對其中一位抱以極大侮辱。

還有第三個例子，一個外國人，同樣因為他是無神主義者，被法庭拒絕了他對一個盜賊的指控。而他們之所以被懲罰所憑藉的依據就是這樣一條教義，那些拒絕聲稱相信一個神和相信彼界的人，無權作為證人走上法庭。這無疑是在說，他們不受法律的保護，被拒絕在法律之外。

這就意味著，如果和他們在一起的只有他們的相同意見者而沒有其他人在場，人們可以隨意掠奪和襲擊他們而不用受到任何懲處；也意味著，在只有他們可以作證的情況下，人們可以隨意掠奪和襲擊任何人，而不用受到懲罰。這條教義之所以成立又是建立在另外一個假設的基礎上的，這個假設就是不信彼岸之人，其誓言不可信。

事實上贊成這個假設的人就是對歷史的無知（因為在歷史的各個時代，都有很多擁有偉大成就並以正直道德享有盛譽的無神主義者）；事實上一個人只要稍加思考，就能發現歷史上有太多以其崇高道德和偉大成就而流芳百世的人是我們所知道的無神主義者，你就不會再對這個假定抱以肯定態度。

此外，這個命題又有其矛盾性，自己攻擊了自己的命題基礎。事實上，命題假設的無神論者必不誠實，就意味著其默許了一些說謊的無神論者作證，而被拒之門外的反而是那些敢於公開承認這一世人所不接受的事實，不願說謊的無神主義者。這樣一條自相矛盾的教義的存在，只能看作是仇恨的烙印，是迫害行為的殘留，也是一種迫害。並且有一個顯著的特徵，受迫害的原因正是因為它表明了他不應受迫害的行為。這條教義帶來的巨大傷害，不僅傷害無神論者，對這些有信仰的人也是極大的侮辱。

按這樣的理論，不信彼岸則必說謊，那麼信彼岸之人必會說真話，是因為擔心會墮入地獄，我不想傷害那些創造這條教義的人以及不斷教唆這條教義實施的人，我只能說，或許他們腦海中基督道德的想法，只是他們想像出來的吧？

誠然，上面說的這些狀況只是迫害行為在當代的印記和殘留，我們姑且不將其看作依然標誌著還存在迫害行為；英國人常常會帶著微弱的優柔心態，在自己還沒有糟到一定程度的時候，對一條壞的原則反而以表示支持為樂，上面所說的迫害殘餘就是這樣一種心理的典型例子。

然而，儘管這種更為嚴重的破壞行為已經停止了一代之久，但是未來會否一直停止下去，在公眾心中，並沒有太多的信心，這是讓人感到糟糕的事情。在當今時代，那些看起來表面平靜，或許在在平靜下面掩藏的就是波濤洶湧得舊罪惡復辟的動力，就像那些不斷提出新真理所造成的動力一樣。被當今世人所推崇的宗教復興，在那些文化程度不高且見識淺薄的人看來就是迷信的復活。只要在公眾心中依然有著一塊讓不包容思想可以生存醞釀的地方——這在我國中產階級的人心中無論何時都存在——不需要太多行為去煽動，就會讓他們積極的投身到迫害那些本不該成為迫害對象的人。

我們的國家之所以精神不能完全自由，其原因正是如此，公眾對於那些不信仰自己的信仰的人所持的態度和敵對感情。法律懲罰的方式，在很長一段時間裡，其最大的危害就是，強化了公眾誹謗。

此人名叫湯瑪斯普雷（Thomas pooley，一八五七年七月三十一日，在波德明巡迴法庭被判決，十二月，受到皇室特赦。

一人叫做呼裡約克（George Jacob Holyoke），一八五七年八月十七日發生該事件，另一人名叫楚勒幅夫（Edward Truelove），一九五七年七月發生該事件。

此人是格萊欽男爵（Baron de Gleichen），一八五七年八月四日，在瑪律波魯街員警法庭（Marlborough Street police Court）發生該事件。

正是這種公眾誹謗，產生了最大效應，結果就是在法律懲罰的約束下，在公眾戒條的控制下，在英國，願意發表不同看法的人遠遠少於其他國家。輿論對於人發表意見的控制，同法律對於人發表意見的控制有著相同的效果，尤其是對於那些個人的經濟生活不依賴他人施捨的人。

一個人可以被判刑監禁，也同樣可以被拒絕獲得賺取麵包的方法。而那些已經將麵包牢牢抓在手中的人，或者並不需要有求於當權的人或團體從而獲得恩惠的人，他們對於在公眾場合發表不同意見當然並不十分擔心，最多也只會被人非議，被人誤解，承受這樣的壓力，並不需要什麼非凡的英雄氣概。對於這樣一些人，我們並不需要用太多的憐憫心來替他們辯解。

然而，儘管我們已經不會像曾經那樣用災難、死亡來加害與我們不同思想之人，然而我們現在對待此類人的方式導致的結果，相比較曾經我們對待他們的方式所導致的結果會帶來同樣多的災難。蘇格拉底被處死，但並不妨礙他的哲學依然在歷史長河中閃爍著不滅的光芒，光耀萬丈。基督教徒以身飼虎，但依然不能阻止基督教的勃勃生機，直到成為一棵參天大樹，遮蔽住了那些老邁而又沒有生機的植物，並且將其牢牢抑制。

現在，我們僅僅是對不同意見懷有一些不包容，這既不能毀滅一個人，也不能從根本上根除你的任何意見。但是，這毫無疑問是在告訴人們，應當盡力將自己的看法隱藏起來，或者至少盡力不去傳播。

以當前近十年或一個年代來說，那些異端意見幾乎沒有取得任何進步，甚至發生倒退；他們很少能夠得到深遠而廣泛的傳播，而只能在一些勇於思考、深植學問的人的圈子裡緩慢流傳；這些學說從他們那裡萌芽，卻不管是真是假從未在人類事務的處理過程中綻放光芒。這樣一來，就變成了一種讓很多人都覺得很滿意的狀態，我們不需要罰款，不需要監獄那些殘暴的手段，就可以讓那些已經得到公眾認可的觀念免受任何騷擾而保持平靜，甚至對那些有不同看法的人都沒有絕對去禁止他們的理性思考。這種讓思想界保持穩定，維護所有現存事物等方式，倒也不失為一種權宜之計。

但是，在這樣的一種社會形態下，絕大多數積極的、精於鑽研的學者都會認為，相比較與其公佈自己的意見不如將自己心底最真實的觀念和原則藏於心底，而在公眾場合只要讓自己的結論迎合公眾心理即可——這樣就絕對不會出現那些在知識界熠熠生輝、勇敢開明並一生致力於始終用理性勇於探索的知識份子。這種社會形態下，我們只會看到這樣的人，要麼是陳腔濫調的應聲蟲，要麼就是真理的投機者。他們在任何重大問題發表觀點，都是為了取悅聽眾，而不是發自心底真正的信服。

除此之外，或許還有另外一種人，他們將自己的思想和興趣投向一些不容易引起原則衝突的範疇，也就是局限於某些細枝末節——這些事務，人類的心靈達到了一定的寬容和博大，其真相自己就會顯現，而心靈不足之時，也不能真正找到真相；只是在那個時候，讓人心靈更加寬廣博大的東西以及勇於探索人類最高智慧的勇敢和自由思維，早已被拋棄。

印度兵叛變事件中，我國國民的一些劣根性被暴露，再加上近年來社會上流傳一種激動的迫害情緒，從中我們可以看到很多警示。我們可以不去理會那些狂熱的、口綻蓮花的人在教堂講壇上的各種論調；福音派的領袖們在對印度

人和回教人的管理中，宣稱這樣一條原則：不講授聖經的學校一律不可獲得公款扶持，帶來的直接後果就是，授予公職的要麼是真正的基督徒，要麼是說謊的假冒基督徒。

有報告稱，一位副國務大臣在1857年11月12日曾經發表演講稱：「不列顛政府對他們的信仰抱以寬容」「對他們宗教的迷信也抱以寬容，這已經成為了不列顛聲譽上升的阻礙，成為了基督教成長的阻礙」，事實上，在我看來，寬容被他濫用了，誠然寬容是我們宗教的基礎。但是按照他之理解，寬容是對共同信仰基督教的人之間的寬容，僅僅是基督教的不同派別的寬容。

我提醒大家注意的是，一個民主政府下，能夠擔任高級官員的人，竟然會持此主張，認為寬容應當被限制在基督教以內。這樣傻瓜般的表現，讓誰還能夠想像宗教迫害不再發生。

有些人或許認為，讓有不同思想的人保持緘默，並不是一件什麼大事。他們應該仔細思考一下，這種緘默帶來的局面，不同的思想永遠也不會得到公平公正而又透明的討論；但是這樣的一些思想，儘管在抑制下不會廣泛傳播，但卻不會滅絕。禁止對所有不為正統學說所容的問題的探討，損傷最大的並不是持有這些異端學說的人，更損害了那些非異端者。基於對異端學說的恐懼，他們的精神世界被嚴重束縛，他們的理性變得扭曲。

原本一大批前途光明，但又生性懦弱的知識份子，由於擔心被視為異端分子而沒有勇氣去探索任何有生機的、創造性的、獨立的思想——由此帶給世界的損失是難以想像的。或許在這些知識份子中，偶爾我們也會看到某個有良知而又勇於探索的學者，窮極一生之力周旋世故，試圖將心中誕生的偉大真理與流行的正統言論融合，或許還不能實現目標。

一個知識份子，如果不能致力於窮極智慧發掘思想，而不用顧慮思想會導致何種結果，他就不可能成為一個卓越的思想家。一個勤勉努力、精於思考但或許會產生錯誤理論的人，遠比一個去抱著固有真理而疏於思索的人收穫更多。思想自由不僅是偉大的思想家需要，對於任何一個想要增加他們的精神體量一般人，同樣重要或者不可或缺。即使在精神奴役的環境之中，偉大的個人思想家在過去層出不窮，未來必然會不斷湧現；智力活躍的社會大

眾，過去從未出現，未來也不會出現。如果我們看到哪個國家的公眾出現或接近這種狀況，必然是停止了對異端思想的禁錮和恐懼。任何一個地方，只要存在著但凡真理不得爭辯的風氣，任何一個地方，只要那種早已深入人心的思想停止討論，我們就不可能看到曾經努力推動社會發展的活躍的精神高度。

而且，如果討論永遠局限在那些重大的足以激起民眾熱情了話題之外，公眾之心就永不會被真正激發，那麼即使是具有普通智力的民眾，他們的思想也無法上升到思想動物的高度。思想活躍在歷史上有三個時期：

一、是在宗教改革之後，在歐洲持續了一段時間；

二、是十八世紀後半期的思考運動，但僅在歐洲大陸的文化階層形成；

三、是德國哥德（Goethe）和費希特（Fichte）時期引發的知識躍動，這個時期時間持續更短。

三個時期所各自展現出來的具體問題大相徑庭，但有一個共同點，就是權威的禁錮在這三個時期都被粉碎，舊制度被推翻，突破了舊的精神專制，而新的還未取而代之。正是因為那三個時期的精神活躍給予社會的推動形成了現在的歐洲，不管是思維方面、制度方面獲得的進步都可以追溯到那三個時期中的任何一個。然而，一段時期過去，這三個時期持續的推動力已經耗盡，如果不再推動新的精神自由，對於進步我們幾乎沒有指望。

接下來我將就論證的第二個部分展開闡述，我們不再假設那些公認意見是錯誤的，而是將其假定為都是正確的，以此來展開分析，如果不對那些意見的正確性公正自由的討論來檢驗，這樣的公認意見其價值究竟有多大。

如果一個人只有一種堅定的論點，不管什麼情況下都不願承認有錯誤的可能，然而即使這個論點無比正確，如果沒有經受過充分自由的討論，這樣的論點最多只能算是死教條，永遠不會成為活真理，如果能夠意識到這點，他的想法應該會有所改觀。

或許有人會說，就算對我所持真理的依據並不瞭解，甚至在面對最簡單的挑戰時也無法去解釋，只要能夠不加懷疑地全盤接受那就足夠了。幸運的是這樣的人已經不多了。這樣的人，一旦從權威那裡得到了某種思想，便會

理所當然地認為如果允許對這種思想進行討論實在是有害無益。一旦這種人得勢，就會徹底禁錮人們用用智慧理性去思考一個真理，儘管有時還會因為魯莽和無知將其摒棄。

這是由於完全禁錮討論幾乎不可能，這樣的沒有堅定信念為基礎的思想一旦遇到挑戰只會躲避。即使我們放棄這種可能——假設其絕對正確，脫離實際而深居人心——一個理性動物在面對真理的時候也不會採取如此態度。這樣被持有的真理，與其說是真理，不如說是一個披著真理外衣的迷信。

如果按照新教徒所提倡的，人的智力和判斷可以透過培養來提高，那麼在什麼事情上最能使這種能力得到鍛鍊呢？難道還有比讓他們思考與他們切身相關的思想還有效的嗎？要提升一個人的理解力，最好的途徑就是學習自己所持觀點的依據的過程。

對於那些信任的觀點，無論為什麼信任，至少應當在面對普通挑戰的時候能夠稍加辯解。或許有人會說「讓他們瞭解觀點的依據就可以了，沒有提出爭論就接受觀點也不總是鸚鵡學舌。對於學習幾何學的人來說，他們不僅僅只是記住了那些定理，他們也學會了如何演算和驗證那些定理；如果說因為他們沒有遇到過對幾何學的挑戰就說他們對幾何學的根據一無所知，豈不是荒謬嗎？」

當然，如果是說到數學真理，或許就根本沒有錯的一方提出來。數學真理有其獨特之處，就是只具有一方面的論據，因為沒有另一方面的反駁，所以也就沒有對反駁的辯解。然而對於那些有不同意見的觀點，真理就像被擺上一台天平一樣，需要靠兩邊相互衡量撞擊來獲得真理。就算是在自然哲學中，對同樣一件事也會有兩種以上不同的看法。

如果用地球中心說來反駁太陽中心說，用熱素論來反駁氧氣論，我們就很容易看出為什麼一個被稱為真理，否則另外一個則被稱之為真理，即使我們並不明白這些真理的依據，至少我們也明白為什麼這個被稱之為真理。再將我們討論的話題轉移到複雜的命題，諸如道德、宗教政治、社會以及生活等那些命題，那些要澄清一種觀點，需要花費絕大多數精力來對反對意見做出解釋和反擊的命題。

古代有一個一人之下的偉大演說家曾經說過這樣的話，他對於對方的情況的研究，儘管沒有比花在自己身上的研究付出了更多的精力，但也絕對不會更少。

西賽羅也是用這樣的辦法，在他的所有公開辯論中獲得成功，這也是那些為了追尋真理而對任何命題深入研究的人需要做到的。

一個人對於一個命題，如果僅知道自己所持的一方觀點，那麼他對事情的全面瞭解就不足，即使他持有很好的論據並且也不曾被人駁倒。但是如果他同樣不能夠駁倒對方，也不知道對方是在基於什麼事實的基礎上產生那樣的言論，他就不能夠在不同的角度對觀點進行取捨，這時他最好的辦法，就是暫時擱置判斷。如果他不是一個總是願意追隨權威的人，那麼他就不會甘願如此，而是選擇那些自己情感上更傾向的一面。

並且，一個人所獲得的對方觀點的情況，如果僅僅是從自己的老師們那裡聽來的，並且其中還摻雜了老師們對那些觀點的辯駁，這也遠遠不夠。這並不是對待對方論據的公平公正的方法，也不能讓這些觀點真正的到達自己心裡。他應當竭盡全力從支持那些觀點的人那裡聽來的一些論據，並且給予那些論據發自內心的信任以及真誠的有效的辯護；他應透過那些繁雜的花俏的表達形式，切實有效的理解那些論據；他必須深入面對尋找真理的過程中所必然面對的各種難題並且承受其全部壓力，否則他就不能對對方的觀點做出真正有效的合理辯駁而使真理浮出水面。

無論是那些所謂受過良好教育的人，還是那些總是口若懸河的雄辯者，他們常常所持的觀點是正確的，但他們所持的論據未必是正確的。他們從來沒有將自己與持有不同意見的人易地而處，按照對方的思想方式和思維境界來思考對方可能發表的意見；所以如果按照「知」這個字的本來意思來說，他們對於這一理論是不「知」的。

有的理論其中的一部分就足夠來證明另一部分的合理性，他們對於此事是不知的；有的看似互相矛盾相互衝突的兩個觀點其實彼此之間是可以調和的，或者說在兩個看似都十分有理有力的證據之間應當如何選擇，他們對於此事也是不知的。

總而言之，對於那些理論中至關重要的部分，甚至是決定整個理論的正確與否的部分他們都並不熟悉；要想全面深入的瞭解那些，必須從雙方角度共同出發不偏不倚的並且盡最大努力的來思考探索雙方的共同的理由才會實現。要想對於那些道德方面或人文方面的命題獲得深入的理解，這是至關重要的一點，甚至對於有些至關重要的理論，即使沒有反對意見，我們也必須假想出一些反對者，給予這個論題的反面意見，找出最有利的證據，做出魔鬼一樣地辯護。

反對者們基於對我上述言論的反駁，或許會有這樣的言論，對於普通人來說，要求他們如同哲學家或神學家們一樣，都能夠清楚地知道他們贊同或反對的理論的一切依據是完全沒有必要的。

他們認為要求一個普通人對天才反駁者的妄言做出完美而合理的辯解是毫無必要的；他們認為只要世界上始終存在能夠對那些妄言做出完美而合理的解釋者，能夠將那些會把人引向歧路的言論進行批駁和阻止就可以了；他們認為對於那些心思單純的人，只要有人將真理的真相和其簡單理由告訴他們就足夠了，至於其他的事盡可由權威人士來完成，他們沒有能力來面對那些可能會被提出的問題，那麼只需要在專門的、訓練有素的人去解決這些問題的時候，安靜的走開就可以了。

對於這種說法，就讓我站在那些對理解真理（與信仰真理同步）的要求最低的人們所能接受的最大限度上，但即便是這樣，贊同討論自由的理由也不會減少分毫。因為就是這樣一個說法也承認一個事實，對於那些反對意見需要有合理的讓人滿意的解釋和反擊，這是基於人類的理性保障。那麼如果是這樣，如果不將反對意見講出來又怎麼會有合理的讓人滿意的解釋和反擊呢？

如果反對意見者都沒有機會去講，解釋和反擊是否合理又何談讓人滿意呢？那又如何知道這樣的解釋是合理的讓人滿意的呢？即使普通公眾不需要如此，對於那些專門從事答疑解惑的哲學家和神學家們，也不能對於可能面對的難題一無所知，並且在最為混亂的情況下依然對其有深入認識，要達到這樣的程度，就一定需要將不同的意見全部講出來，並且將它們放在最明亮的陽光之下。

天主教是這樣來解決這個問題的，首先它將人們分作兩大類：

☆一類人以其堅定不移的信念來接受教義；

另外一類人需要靠直覺的信賴來接受教義。

對於這兩類人禁止接觸的觀點地限制是不同的。對於那些教士們，至少說是那些得到教會充分信賴的教士們，因為他們需要與反對意見交鋒，所以他們允許接受那些反對意見的相關論據作為獎勵，他們也因此可能會接受到一些異端學說；而對於沒有這種義務的普通教民，就不會有這樣的機會。

這條規則事實上也是承認了，瞭解敵方所持的觀點以及相關論據，對於本方觀點所持者是有好處的，然而他們又做出了讓其他人不能知道這些的規定和辦法，這樣也就給了那些教士們更多的教化的機會，儘管這還不算是一種真正的精神自由。就是在這樣的辦法下，天主教成功的讓自己教義中所要求的精神散發出一種優越感，因為沒有真正精神自由的教化儘管無法陶冶出博大而自由的心靈，但是卻能夠錘煉出一個個在鄉間巡迴法庭上侃侃而談的合格的辯護士。

然而在那些信奉新教的國家，這種辦法是被禁止實施的，因為新教徒認為人們對於教會的信仰，必須是基於信教者本身，而不能是教會的宣講者。當然，在當今年代，也幾乎不可能做到將學者們所接觸到的所有論述和著作，對普通大眾完全封閉起來。因此，必須要對所有言論自由、寫作、發表、印刷而不加任何束縛和阻止，人類的傳教士才能夠真正能夠對他們所知道的東西有完全深入的瞭解。

我們再進一步來假設，即使那些被公認的理論都是真理，自由討論的缺失僅僅導致人們對於那些理論的相關依據並不清楚，還可以說這種危害僅僅是知識上的，沒涉及道德，就理論對人生活的指導意義來說尚沒有危及理論本身的價值所在。然而大多數狀況是，自由討論的缺失不僅讓人們忘記了這些理論的相關依據，也會忘記了對於理論自身的意義。

這樣出現的局面就是這些理論只剩下了文字本身，以及一些對文字本身理解的陳腔濫調，早已失去了其鮮活的生命力，理論原本所有的意義和堅定

的信仰都已丟失，從這些文字中早已不復展現理論所代表的觀念，或者只能剩下很小的一部分。在人類的歷史中，這樣的狀況屢見不鮮。

這一點，尤其在那些道德教義以及宗教信條中更為常見，幾乎他們所有的經歷都做出了最好證明。那些教義在其開創者以及其親傳弟子之時，無不散發著勃勃的生機充滿著積極的意義。並且在這種教義與其他信條抗爭的過程中，人們對其意義的感知絲毫不會減弱，只會越來越深入人心而不斷增強。直到其成為世間的主流意見而得勢或者因為無法突破而停止前進，此時便會固守陣地而不求進步。一旦陷入這兩種狀況，對於教義的爭論，就會停止下來直到最終慢慢消失。

此時，作為一種已經取得一定地位，即使尚未成為世間主流看法但依然有著眾多擁躉的理論，便會逐漸固化下來。信仰這種教義的人更多的只是被動的承襲，而不是主動的接納。人們對於信仰的轉變已經世所罕見，所以對於教義的宣講者來說也就不會以此作為目標。

此時，教義的宣講者已經不會如同這種教義創始期那樣，不是需要在世界上捍衛自己，就是需要不斷的向世界爭取自己；而是保持一種緘默狀態，既不會去研究信條反對者們所持的依據（只要他們能夠容忍），更不會去與反對者爭論或對反對者宣示他們的依據，這樣教義的勃勃生機，由此開始逐漸走向衰弱。我們常常會聽到教義的宣講者們在哀歎，要想讓信徒們發自內心的對真理有著深刻的理解和堅定的信仰，並且能夠以此來指導人的行為，實在是一件太困難的事。

然而，當一個信條尚在創始之初為其生存而不斷鬥爭的時候，沒有人會有這樣的抱怨，即使是那時的一個並不強大的鬥士也能夠深刻的理解那些信念並為之而奮鬥，能夠清楚的瞭解自己為之努力的教義與其他教義之間的差異；在每個教義的那個階段，我們都可以看到人們常常把那些教義融匯進自己的思想，放在崇高無比的地位，深切感知到這種信仰對自身品德和行為的影響，那是一種真正進入人的內心的信仰，並且融會貫通之後的表現。

然而，當信條逐漸變為人們自然而然承襲的時候，人們與其說是基於對信條的信仰而不如說是被動的強加承襲，人們不會再看到信條初時的那種勃勃生機的時候，就會陷入一種只記得真理中的公式，而扔掉其他所有東西的趨勢，或者說對於信條的只有一種麻木的、淡漠的認同，就好像說是基於信賴所以認同這些信條而完全沒有用意識或者經驗來對其進行驗證的必要。於是就出現了當前這種絕大多數狀況，信條不復存在於人心之中，其最大的意義在於把人心固化而讓其再難受到那些能更加有效提高人性的事物的影響；教義本身更像是一個無所事事的，僅用來保衛人的想法不受外來思想影響的哨兵。

本來應當最能夠引起人的心靈共鳴的教義最終淪為了一條死的信條，而根本不能從人的思想、行為或情感中有任何表現，這又是怎樣的一種狀況呢？我可以用當今絕大多數基督教信徒對於基督教教義的信奉程度來說明。我所說的基督教教義，包括所有教會所闡述的內容，也就是新約中的所有信條和格言。這也是所有基督教徒的最高信仰準則，視為至高無上的神聖。

然而我毫不誇張地說，即使在一千個基督教徒中也找不出有一個真正按照那些信仰準則來監督和指導自己行為的人。他們在實際生活中所尊崇的標準更多是來自於他所處的國家、民族、階層以及社會職務的約定俗成的習慣。

於是，他一方面有一套神聖的道德標準，並且堅信那是由萬能的神制定的並且必須遵守的規則；另一方面，又有一套基於生活和實踐的判斷標準，儘管這兩種標準之間有一些並不相符，甚至是相互對立的；整體上來說，他的生活遵循的是在道德標準和世俗習慣二者之間相互調和的產物。

對於道德標準他信仰和崇敬；而世俗習慣才是他真正所遵守的法則。所有的基督教徒都認為，窮人、地位低下的人和在世間受苦難的人必將獲得神的賜福；他們都相信富人死後進天堂的可能性幾乎微乎其微；他們相信指神發誓是絕對應當禁止的；他們相信不應當報以歧視，否則會被制裁；他們相信我們應當像關心自己一樣關心我們身邊的人；他們相信如果有人想要我們的外衣，我們應當毫不猶豫地把所有的衣服全部送給他；他們相信我們應當散盡家財以資助窮人這樣我們才更加完美。

他們說他們是發自內心的、虔誠的相信這些說法，但是就好像他們總是

常常相信聽來的讚美而不加討論一樣，並不夠真誠。

如果一定說這樣的信仰，在現實中還有什麼積極意義的話，那麼假使這些教條是真正的真理，用在攻擊敵人上是有很大作用的；如果，他們想要讚揚那些在他們看來可以得到讚揚的人或事，這些教條也是可以作為依據的。然而如果有人提醒他們這些教條下還包括了很多他們聞所未聞，也從未意識到的需要做的事，大概不會得到任何的回應，而提出這種說法的人大概只會被認為是沽名釣譽、極不合群的人。

這就說明，對於普通教眾來說，教義並沒有在他們的心裡生根發芽，並沒有成為他們的內心力量，他們對於教義只有這一種習慣性的尊崇，卻沒有深刻地感受到教義的意義而真正吸收，並用來指導和約束自己的行為。不過一旦出現與自己相關的行為時，他們就會竭盡全力、想方設法尋找信條以表明自己對基督的尊重。

但是我們相信，在基督教早期的時候，那些基督徒們呈現的狀況則大不相同。如果真像我們上面說的，基督教也就不會從一個希伯來人創立的隱晦的宗教，一個受到世人鄙視的宗教，演變成為羅馬帝國的國教。

那時的基督徒們對於他們的教義有著堅定的信仰和切身的體會，以至於他們的敵人會常常說「看看那些基督徒們是如何的相親相愛」（大概現在再也不會有人這樣說了），但從那以後，這種情況就日益衰退。以至於以後的基督教擴張再也難以看到當年的發展了，一直到十八世紀後期，還是僅僅在歐洲人以及其後裔的範圍流傳。

到現在，就算是那些對自己有著嚴格要求，對教義的認識和理解遠比一般人更多更深的教徒，他們心中所尊崇的信條更多的也只是喀爾文（Calvin）、諾克斯（Knox），以及他們所熟知的人所宣講的內容。至於那些真正的基督話語，在他們看來是無所謂的了，能夠在心中引起的共鳴程度或許也僅僅只是和普通溫和的話語相同。

我們嘗試思考為什麼一個教派所獨有的具有鮮明特點的教義往往比那些在很多流派中流傳的，得到共同認可的教義更有生命力，為什麼共有教義的宣揚者要想保持其教義的鮮活性和吸引力會更加艱難？這其中或許有多種原因，但一定有一個肯定的原因是，那些一個教派獨有的教義常常會遇到很多的反對和責難，常常需要在公眾場合與反駁者進行論述和辯護，而等到再沒有反對者的時候，不管是教義的宣講者，還是教義的信仰者，都可從此高枕無憂了。

通常來說，幾乎所有的傳統教義，比如那些人生思想、生活態度、道德觀念或是宗教教義，都會存在上面所說到的情況。那些對於人生、生活方面的格言或文章，告訴了人們應當如何生活，應當如何做人；每個人都明白其中的觀念和道理，認為這是顯而易見的真理，可是絕大部分人都只有在經歷了切身的感受——尤其是痛苦相關的感受——才會真正地發自內心地體會並學習到其中蘊藏的意義。

一個人往往總是在遭受到意料之外的不幸或傷痛才會對以前一直掛在嘴邊的格言或理念有深刻認識，如果這些格言或理念能夠在不幸發生之前就被感受到其意義所在，或許就能避免不幸的發生——這種情況屢見不鮮。

當然有這樣的情況的出現，也不只有缺乏討論這一方面的原因，有些真理本身確實需要自身的體驗才能夠明白其中蘊藏的深刻道理。但是即便是對於這種真理，如果常常能夠聽到對其有深刻領會的人對這種真理的認同與反對的展開的辯論，那麼對於這一真理的意義也必然會瞭解更多，也更會刻在心裡。當人們對於某一種意見一旦沒有了疑問就不再展開深入思考，這是一個會引發半數以上錯誤的致命的缺陷。有一位現代作家對這種狀況提出了一個準確的形容，叫做「既定觀點的熟睡」。

或許有人會憤怒地斥責：難道絕對的真理永遠需要達不成統一的意見嗎？難道要使人們認識真理就必然需要有人堅持謬誤嗎？難道一個信條一旦發展到人人都接受的程度，就必然失去其生命力和活力嗎？一個理論如果再沒疑問的提出就一定不會讓人們徹底感受激起共鳴嗎？難道意味著一旦全人類共同接受了某個真理，那麼這個真理就必然走向死亡嗎？

大家公認的對於知識的追求的終極目標就是透過真理讓人類社會愈加團結，建立起更加密切的聯繫，難道一旦達成這樣的目標知識就再沒有任何意義了嗎？難道沒有遇到全面的抵抗而取得的勝利成果就要被拋棄嗎？

我並不完全認同這些說法。人類在不斷發展進步，那些人類一致達成的理論和教義只會越來越多，而且我相信人類所追求的幸福正是取決於這些已經得到人們共識的真理的多少。針對很多觀點的爭論會逐漸減少，這樣的意見固化的過程是很正常的，但是這種意見固化對於正確的意見固然是有好處的，但是如果是錯誤的意見則有著同樣的危害。

所以說，這種爭議的範圍越來越小，最終達到了一件固化儘管是一件必然發生也不可或缺的事兒，但我們依然不能就此認定這一定是有利的。被迫做出的因為有人反對真理而進行的辯護和解釋促使了人們對於真理更加深入生動的理解，失去了這一動力所遭受的損失與真理得到廣泛認同所帶來的利益相比縱然不會更多，也是一種相互抵消。

我更希望看到的是，教義的宣揚者們在意見固化之後，依然堅持不懈的把問題可能遇到的困難一一提出給學習者，就如同一個對其持有反對意見的人在發表其反對言論一樣，以此作為反對意見的合適的替代。

然而，現在人們不但沒有找到更好的辦法來替代，甚至連我們的先人們曾經擁有過的好辦法都失去了。柏拉圖曾經提到過的蘇格拉底雄辯，就是這樣的很好的辦法。

他們針對哲學和生活上的重要論題，採用極其巧妙的技巧，展開反面的討論。其目的就是要讓那些對公認觀點不假思索的接受的人明白，他們對於觀點的理解還遠遠不夠深入，他們對於教義所蘊藏的意義還遠遠未能體會，在他們明白自己的不足之後，從而使自己轉向真正能夠建立堅定信仰的道路，而這種信仰必然是建立在對於教義的深刻理解，對其意義深刻體會的基礎上。

流行於中世紀的學院論戰，也有著同樣的積極作用。透過學院論戰，讓學生不僅能理解自己所持觀點，也對與之相反的觀點有深入瞭解，一方面加強了對自己所持觀點的理解，強化了自己所持觀點的依據，另一方面也有利於對相反觀點的駁斥。儘管這種學院論戰有其固有的缺陷，就是論戰本身是在是在權威驅動下而非理性產生的；作為一種人的思想鍛鍊來說，相對於「蘇格拉底之毒」那種十分有力的辯論也遠遠不足，但是依然和前者一樣對近代人心的建設發揮了難以估量的作用。

現代教育距離二者所達到的地位相差甚遠，甚至沒有任何方式可以最小程度的接近。一個只會從教師或書本上學習知識的人，就算他離開了身邊的生搬硬塞的教學環境，他也不會去嘗試兼聽不同意見，所以就更加不會在監聽的角度上取得多方面的建樹，甚至很多思想家也是如此；於是他所有的理論體系中他想要用來答覆反對者維護自身理論的知識是最為缺乏的。

當前有一種很流行的貶抑反面的邏輯——這種邏輯不發表正面觀點，只是指出反面觀點在實踐中的錯誤或理論中的不足。這樣的一種反面批駁方式，儘管從結果上來看還遠遠不足，但是作為一種幫助人們更好的深入理解知識或理念的方法，依然具有十分重要的意義。

甚至可以說，人類如果不會再經歷如此系統的訓練，不會再出現任何大的思想家，除了在數學和物理以外人類的思想發展也僅能維持一般智力水準。除非一個人不斷的受到了來自別人強加的或自己積極主動的尋求的反對意見並展開有效的解釋和辯駁，沒有任何一個人的理論可以被真正的稱之為知識。

如此說來，這麼寶貴的，有著如此至關重要的作用又難以替代的東西，當他自己出現在我們面前的時候，竟然被我們輕易放棄，簡直是太荒謬可笑了！所以，如果有人對公認意見提出反對看法時，如果有人在法律輿論允許範圍內提出不同意見時，我們不但要衷心感謝他們，而且要敞開心胸的聆聽和理解，並且感到由衷的高興，因為他們做了那些我們應當做（基於對信念的信仰和對生命的關心）卻沒做，而且還無比艱難的事情。

上面就是我為什麼認為出現意見的不同是一件值得高興的事的其主要原因做出的論述（這種論述也會一直持續，一直到人類的知識境界可以進入到一個新的階段，但是這仍然需要一個十分漫長的時期），我還需要再補充另外一點。在上文中，我們做出了兩種假設：

一種是公認意見是錯誤的情況下，其反對意見就是正確的，這樣錯誤意見所帶來的損害會被降低甚至消除。

而另一種是公認意見是正確的情況下，其反對意見是錯誤的，這樣正確意見在錯誤意見的衝擊和促進一下，能夠更有有利於對正確意見的深刻理解；

然而實際狀況中還有另外一種也是更為常見的狀況，兩種相對應的理論，並不是非彼即此，其一為真理而另一為謬論，而是真理存在於二者之中間。對立的理論互相各有一部分為正確一部分為謬誤。

如果是這樣，那麼公認意見往往也只是展現真理的一部分，需要其從反對意見中來修正謬誤，補充真理。對於那些感官所不能直接接觸的問題，往往最為流行的論點就被認為是正確的，但通常來說也僅有一部分是正確的，而非完全的真理。流行的論點，其中或許有一大部分是真理，也可能只有一小部分是真理，但是往往因其流行而使其真理的成分被誇大，而且將本應與之相關的真理同其完全分離。

而另一方面，持有不同意見的人，那些總是被壓制或受到忽略的真理一旦脫離了束縛，往往不是尋求與公認論點所含的真理去融合，而是把自己的意見看作和對方觀點完全相異的具有排他性的全部真理。事實上這種情況，在社會上十分普遍。人對於事物的片面性看法是絕對的，而全面性的看法則是偶然的或相對的。

所以，在從觀點上升到真理的過程中，往往是一種螺旋運動，觀點中的一部分被另一部分取代，而使得觀點更加接近全部真理。在其轉變的過程中具有一定的累加效應，讓一個偏而不全的真理不斷增加一些偏而不全的真理而使其成為更加符合時代需求的真理。

既然片面性是絕對存在的，那麼即使是公認的真理也會或多或少的存在這樣一些缺失，所以我們對於那些與公認觀點有不同看法但依然還有一部分真理的意見應當倍加珍視，儘管其中也會存在著一些謬誤。

即使是被迫讓我們的注意力放到那些幾乎就要被我們忽視的真理上，也不會讓任何一個清醒的人類判斷者感到不快和憤怒。正是在這樣的情況下，流行的公認理論可能是片面的真理，所以就更加需要那些持有非公認理論部分的片面真理的人提出他們的主張；對於那些自以為持有全部真理而實際僅有片面真理的人給予更大的關注，這樣才是最有活力的。

我們來看看十八世紀，那個時代的文明幾乎被所有有教養的人所推崇，也被追隨在他們之後的俗人所狂熱地讚歎，他們為那時的科學、文化，哲學、思想創造的一個又一個奇跡而歡呼讚歎。

然而那時流行在社會的主流意見使得人們對於現代和古代都有一定程度的高估，並且總是看到利於自己的一面。就在那個時候，盧梭發表的那些看起來似是而非的言論如同丟出了一個炸彈，打破了在當時流行的看似嚴謹的片面意見，並且促使原有的理論結構被打亂、重組、兼收並蓄，從而產生了更好的組合形式，發揮了至關重要的作用。

事實上，並不是流行的那些主流意見比盧梭的觀點更加荒謬，反而這些觀點中具有更多的正面真理更少的謬誤。然而盧梭的觀點中，最為可貴的就是它有著很多當時流行觀點中缺失的真理。這些真理隨著言論的洪流席捲而下，待到潮水退卻時，成為了留在沙灘上泛著金光的寶藏。

比如盧梭認為：簡樸的生活具有更加高尚的意義；社會中的虛偽和偽善極大的損耗了人們的精力，敗壞了社會風氣。

這些都是盧梭寫在其著作中，而後為人所接受，直至深入人心，到今天這種影響也從未消除，並且在未來依然可以發揮極大的作用。在今天，我們依然需要對某些意見竭力主張，但由於語言的匱乏，更多時候還需要有力的事實來作為依據。

☆我們再從政治的角度來看待這一問題，這也幾乎是一個老生常談的話題：

一個政黨主張維持社會穩定，建立良好的社會秩序；另外一個政黨則要求積極改革，尋求社會進步。

二者對於國家的生活同樣具有重要意義，政黨之間的相互競爭就集中主張的競爭上，直到其中的某一政黨能夠將其理解力擴大延展，將不同主張兼收並蓄，最終能夠清楚地知道什麼是最應當被保留的，而什麼是可以被放棄的，最終成為一個既能夠建立良好的社會秩序，維護社會穩定，又能夠積極透過改革尋求社會進步的政黨。

兩種政黨各自不同的主張在對方的主張下更能彰顯出自己的優勢，展現出自己的不足，也是憑藉著對方的反對能夠更好地將自己的主張維護在理性和健康的維度上。在很多問題上，諸如民主和專制、財產和平等、合作和競爭、奢靡和節儉、社會利益和個人利益、自由與規則等等論題，通常都有對自己有利的相互對立的主張，而在生活中的很多問題大多數也都有相互對立的主張。

只有這些相互對立的主張，能夠擁有均等的主張權利，能夠有相同的自由可以去發表，並且具有同等財力和精力讓雙方的主張進行闡述和辯護，對立的任何一方才不會一家獨大，透過相互辯論，相互權衡，最終此升彼降而使真理浮出水面。

通常在我們生活中，很多的重要的實踐性問題，真理就是相互對立的意見最終實現的協調和統一。然而人們通常都不具有博大寬廣的心胸能夠充分的理解相互對立的主張，透過不斷調整更接近於真理，往往要透過粗暴的鬥爭最終才能實現。

在我們上文中所提到的那些重要的對立的觀點中，一旦其中一方比另一方更得到公認的支持，對於那些少部分人持有得相反的意見，我們不僅應該給予包容，更應當給予鼓勵和支持，因為那些意見往往代表著，被大多數人忽略的利益，代表著對於這類本應可以得到卻沒有得到的那部分利益。

當然我知道在當前，上述提到的那些對立的觀點中，絕大多數的觀點上對於不同的看法都沒有給予任何限制。

我之所以要以這些為例，只是希望能夠用更多的例子來闡述這樣一個普遍存在的事實，在當前人類的智力水準下，只有透過對不同意見的辯護才能充分彰顯真理的各個方面。如果有些人持有的意見是舉世公認的觀點的對立面，即使舉世公認的觀點是絕對正確的，我們依然可以從對反面觀點的陳述中吸取一些值得一聽的東西，如果他完全保持沉默，對於真理來說依然是一種損失。

或許有人會用這樣的話來反駁「依然還是有一些獲得世人共同認可的原則，尤其是一些極為重要的原則，它是絕對真理，而非部分真理。就像基督教的道德教義，就是關於道德的絕對真理，任何一種與其有差異的道德都是絕對荒謬的。」

基督道德確實是實踐方面至關重要的原則，所以作為檢驗一種普遍性的理論是再適合不過了。但是我們在對基督道德做出任何判斷之前：

首先我們要確定的是基督道德究竟是什麼。如果只是依靠《新約》裡邊的道德準則，對於那些對《新約》有深入認識但卻將《新約》看作是人需要遵守的一套完備的道德教育的人，我表示不解和疑惑。福音書中，常常以借用前人的道德為基礎，而將自己的信條固定在某個特殊情況下，將道德做出了一定的修正；而且其敘述方式往往寬泛而不嚴謹，並不能夠僅僅只靠字面來解釋，那些語言具有像詩一樣的極強的感染力而缺乏立法的精確性。如果沒有從舊約中尋求一定的補充，很難想像可以將其作為一套嚴謹的、具有約束的道德體系。

也就是說，我們必須借助一個為野蠻人而制定的嚴謹但野蠻的道德體系來加以完善。聖保羅對於先闡述其主教義，再根據其主教義的架構不斷地往裡填充內容的猶太教式道德闡述方式公開反對，他將古希臘和古羅馬的道德假設為一種先天道德，並且不斷以此勸告基督教徒，事實上也是對那種道德做出的一個大規模適應性調整，以至於最後公然接受了奴隸制。其實現在大家所說的基督道德——也可以稱之為神學道德——並不完全是基督及其信徒提出的，而是在那以後的很久，在近五個世紀的漫長歷史中，由天主教會逐漸形成的。

到了近代，儘管新教徒並沒有將這些不加質疑的全盤接收，但事實上，他們更加熱中於消除中世紀加進去的信條，然後加入符合各個教派自身性格和特徵的東西。對於基督教道德以及其早期的推廣者，我從不否認其對人類起了至關重要的作用；但我也會毫不猶豫地說，在很多重要方面他依然是片面的、不完美的，在歐洲歷史發展過程中，一些不為世人所認可的觀念和思想也對形成歐洲今天的生活產生了重要作用，否則今天的人類事務只會更加糟糕。

基督道德絕大多數教義是用來反對異教精神的，具有反激運動的所有性質。在基督教的教義中，更多的會說「你不該」，而不是「你應該」，其教義大多是消極的而不是積極的；大多是被動的而不是主動的；更加推崇不求有功但求無錯，更加推崇對罪惡的抑制懲罰而不是竭力鼓勵善良正義。

從具體教義上來看，基督道德恐懼縱欲，對於禁欲主義無比推崇，後來演變成為法律主義。它為人們展示了天堂的希望和誘惑，又指給人們地獄的恐懼和威脅作為人們道德的動機。在這方面，他是遠遠比不上古代先賢的，按照其含義為人類的道德增加了些自私性質，因為在這種道德體系分離了個人的義務和利害關係，只有在個人利害受到影響的時候才會考慮義務。

他還要求人們對已經建立起來的權威保持絕對服從，儘管並不是要求人們即使在遇到宗教亂命時也保持絕對服從，但是對於我們個人所遭受的冤屈抗拒尚且不能抗爭，更遑論反叛，這也更加展現了其作為一種被動的教義的特點。而對於國家義務，基督道德更是有所忽略，幾乎從未得到過任何重視；對於這一義務，最好的異教已經將其放在了十分重要的地位甚至損傷了個人的自由。

有這樣一句話「君主將某人任命為任何一個職務，如果在君主所屬領土內，還有人被認為比此人更加適合於這職務，這就是一種對上帝的犯罪。」——遺憾的是，這句話出自《古蘭經》，而非《新約》。如果說在現代道德體系中對於義務上面有一點點涉及的話，那也不是從基督道德中傳承的，而是源於古希臘古羅馬。與之相同，在個人生活道德的範疇，我們具有寬宏大量、氣度恢宏、渴望榮譽、捍衛尊嚴等品格，更多的也是因為我們接受教育的結果，而不是源於某一宗教理念，在一個以服從為最高價值的理論體系下，是不可能培養出這樣的一些品質的。

和每一個人一樣，我並不是有意去故意指責那些基督道德中正常情況下所固有的缺點，我也不想去刻意去說作為一個完整道德體系所應當具備但基督道德所不具備的東西與基督教道德是不可以融合在一起的，我更不想用這樣的話語來對基督本人的信條和教義做出諷刺。

我堅信，基督所要表達的意思正如我所看到的那些話語一樣；我堅信基督的教義與任何一個完備的道德體系所必須具有的東西是可以完美融合的；

我堅信那些鼓勵追求美好道德的理念並不與基督的任何話語相衝突，就像遵循那些道德觀念的人們在行為上並沒有對基督有太大的冒犯。

然而，我也堅信基督本人的話語和教義並沒有涵蓋所有真理，依然有很多美好的道德存在於其他一些理念之中，正如我們不想看到的依然發生的那樣，但是以基督的教義和思想為基礎所建構的基督理論體系完全放棄了那些東西，這與我前面堅信的東西並不矛盾。基於如此，我認為如果一定要以基督教道德為基礎建構一套完整的道德體系，那麼將只含有部分道德規則的體系當作全部道德強加給人們就會犯了一個很大的錯誤。

這個有局限的、狹隘的理論，就會存在很大的隱患，對於道德教化的價值有很大的損害，而這種價值正是有思想的人們竭力追求的。讓我擔心的是，以這樣單純的宗教教義來引導人們的心靈和情感，而將那些與基督道德並存又能對其有良好補充的世俗標準完全拋棄，不能實現二者之間的精神融合，將會出現並且已經出現的結果就是一種卑微低賤的品格，總是在竭盡全力的迎合「最高意志」，而不是追求「完美高尚」。

我堅信一定有一種來自於非基督道德所闡述的倫理與基督道德之間並存而融合，才能實現人類道德的再一次昇華；我堅信一條規律，在人類心靈尚未達到完善的情況下，意見分歧對於真理是有積極意義的，這一點基督體系也不例外。

當然，我們不可忽視基督教義中所沒有的那些真理，也同樣不可以忽視基督教義中蘊含的真理。無論是對哪一方的忽視或偏見，都存在著極大的隱患。然而這種隱患是我們很難去真正消除的，所以我們可以嘗試把他看作為了獲得真理，獲得無可估量的利益而付出的必要代價。

片面真理以排他性的態度認為自身是全部真理，這也是一種錯誤的行為，必須給以反對；但如果反對者在情感的驅使下失去了公正之心也具有片面性，那麼二者之間都是錯誤的、令人遺憾的，但這種行為應當得到人們的寬容。基督教徒在呼籲非基督教徒對於基督教的尊重的時候，首先就應當公平的尊重非基督教徒，尊重不信教的觀念。

任何一個對於有文字記載的歷史有一定認識的人都很清楚，在最高道德的教義中有很多就是有不信教者所提出的，甚至有些完全是基督教的反對者提出的；我們絕對不能忽略這樣的事實。

我並不是一定要說，當任何意見的發表都具有無限制的自由時，就能夠對於哲學或宗教上的宗派主義產生絕對的制止作用。那些氣量狹窄而又對於某一真理極度認真的人必定會對其所持有的主張竭力推崇，對其跟隨者嚴厲教導，採取各種措施來限制其他意見，就好像除此之外世間再無真理也無任何真理可以對其所持主張有一點點限制。我必須承認的是，不會因為所有的討論完全自由，就能夠完全抑制宗派主義，甚至有時候還會加劇宗派主義的形成。

事實上，宗派主義正是一切意見的發展趨勢。一切出自於反對者之口的真理都有可能遭到排斥。儘管我們說，意見分歧有利於尋找真理，但是那只是理性的溫和的爭論和辯護才有的作用，對於那些思想偏激而有行為衝動的人，意見的爭論往往起不到這樣的效果。

比起各自持有片面真理之間的衝突和對撞，片面真理的沉默的壓制才更加可怕。只要人們依然還能夠聽見雙方各自的聲音，真理就總有希望；一旦某一方的意見得到了偏見的認同，由此錯誤就將形成，片面真理或許會由於過分誇大而成為謬誤。

我們明白對於一件事的判斷常常要從兩個不同的角度來看待，如果僅僅只考慮一方的辯護意見而又能做出準確的判斷，這在人類的精神世界中幾乎是不可能的。所以在真理被探討的過程中，只有雙方意見的持有者都有自己的辯護，並且保證自己的辯護可以被對方聽到，這樣真理最終才會浮出水面。

根據上面的深入論述，我們從四個角度來論述了言論自由和言論發表自由，對於人類的最高精神幸福（這也是人類最終幸福的來源）具有的重大意義。

☆我們就這四個方面再作簡明扼要的闡述。

第一，若反對意見被強行壓制保持緘默，而反對意見是正確的。

我們對其壓制而視其為錯誤，實際上就是我們冒認了絕對正確性。

第二，即使反對意見是錯誤的。

但它在某種程度上也會具有正確的部分意見，對其壓制，使其保持緘默將使我們失去了對這部分正確意見的認識；

從另一個方面，事實上即使得到了公認的意見通常也並不全面，透過與反對意見之間的衝突和辯護，我們所持的意見可以得到完善和補充。

第三，即使我們所持的意見是全部真理。

如果不能保持強有力的反對或爭議，人們對於真理的接受會逐漸演變為固化的偏見，對於其深含的意義逐漸缺乏理解和認同。

第四，真理本身所具有的意義會逐漸喪失。

對於人們品格和行為的影響作用日趨微弱。因為，真理逐漸演化成為人們心中的形式上的教條，對於促進真善美已失去作用。他既不利於人們去追求真理的依據，又阻礙了人們理性的、真實的信念的萌芽和成長。

拋開對言論自由的討論，我們還會注意到有人會談到這樣一種說法：所有的意見確實應該保證其自由發表的權利，但是對其發表的方式應當有一定的限制，不能超越公平討論的範疇。這種說法最大的問題是，究竟應當設置怎樣的限制？應當把這樣的界限擺在什麼位置？這就有很多需要來探討的。如果說其限制標準是不能夠讓言論受到攻擊的人感到被冒犯。

可是以我的經驗告訴我，任何一次足夠有力的反擊，都算有所冒犯；也就是說，反對者一旦對命題做出有力的反擊，將對方逼得過緊讓其感到難以回答或解釋，那麼或許就會被看成是一個不受控制的反對者。對於這個問題儘管從客觀上來說確實是一個需要考慮的問題，但是對於一個基本的命題反對者來說，這根本不算什麼。毫無疑問，對一個論題固執的堅持（即使這個論題是完全正確的）也會讓人感到十分反感，因此招來猛烈的抨擊和譴責也實屬正常。

事實上更讓人感到冒犯的還不僅僅是這樣的行為，而是那些自欺欺人、似是而非的做法，比如闡述一些似是而非的觀點，將支援觀點的各個依據錯誤列舉，壓制事實和論據，將對方的意見錯誤表述。儘管這些錯誤令人不滿，但是這種做法卻不能給予道德上的譴責，因為這些在很大程度上都無法證實

這樣的行為是無能和無知的人在良好自信下持續做出的；而從法律上來說，對於這樣在爭論中的錯誤行為更是無法干涉。

一般我們對無節制採取干涉的範圍，通常是界定於謾　、諷刺、人身攻擊之類的。如果對於這些，我們能夠透過譴責讓爭議雙方都不用這些方式，那就有一定的積極意義了；但是人們往往只是在對待得勢意見的時候會提出限制這些方式；一旦被用在了非得勢意見，往往大多數人都會不贊成，而且還會對使用者以義憤、情感熱情的方式來辯解。用這種方式不管帶來怎樣的後果，用在那些本身防禦能力較弱的一方時，總會有更嚴重的後果，而得勢一方則往往被認為是因此得利，當然這也是極不公平的。

在這種論戰中，最讓人不可容忍的一種錯誤就是把持有對立意見的人歸結為道德敗壞的人。對於這種惡意誹謗，最容易受到打擊的就是持有那些不同於公認意見的人，因為一方面他們的支持者較少，另一方面自身所處的言論也不具備什麼勢力，除了他們自己以外沒有太多人去關注他們是否受到了公平對待；如果有人要用這種方式來對待得到公認的意見，那麼情況就會大不一樣：

第一、他不能保證自己可以安全的使用這種方式。

第二、即使他能夠用這樣的方式，其結果更可能是讓自己所持意見的論據萎縮。

通常來說，與公認意見相對立的意見，要想讓更多的人聽到他的想法，只能用那些小小心謹慎的，最不會引起不必要的對別人冒犯的語言——哪怕只是一點小小的冒犯，也有可能因此丟掉自己闡述的機會；而得勢意見一方若使用缺乏分寸的辱　來對待對方，很有可能會迫使對方不敢講出自己所持的相反意見，也不敢對再去聆聽那些相反的意見。

如此說來，為了真理和正義，對於辱罵這樣的方式的限制遠比限制其他方式更加重要；如果說這種限制還有所不同的話，我們舉例來說明，對於不信教者和宗教信仰者來說，對不信教者的限制需要更多的約束。但是不管我們試圖去限制哪一方，而具體的意見要根據不同案例所對應的情況來判斷。

總而言之，對於一個身處辯論之中的人，無論他所持何種意見，在辯護

過程中缺乏公正的態度或者表現出惡意和不寬容，都是應該譴責的，而且我們不能根據其所持的意見特別是其所持的意見與我們相反，來斷定對方道德敗壞。

從另一個角度講，對於任何一個身處辯論之中的人，只要他能夠理性看待並誠懇的接受他的反對意見，不去誇大其詞的損傷對方的信用，也不掩蓋對方所持的有力論據，都是應當尊重的。這就是公眾討論所應當秉持的道德規則，儘管在實際過程中依然看到有人違反，但是更加讓人高興的是，已經有人正在努力遵守這樣的道德標準，而且越來越多的人正在努力往這個方向前進。

第三章 論作為幸福要素之一的個性自由

在前文中我們已經討論了，人應當有自由形成意見並發表意見的權利。如果這樣的權利無法得到保證，或者沒有人敢於違反禁令而力主意見，那麼人類的智性和德行便得不到發展和進步，其後果將是毀滅性的。

第三章　論作為幸福要素之一的個性自由

在前文中我們已經討論了，人應當有自由形成意見並發表意見的權利。如果這樣的權利無法得到保證，或者沒有人敢於違反禁令而力主意見，那麼人類的智性和德行便得不到發展和進步，其後果將是毀滅性的。

接下來，我們來探討按照前一章所說的那些理由，是否也支持人們有按照其自身意見自由行動的權利，也就是說將他們自由形成的意見付諸行動。只要付諸行動帶來的後果和風險僅僅由自己來承擔而不會影響別人，就不應該受到任何道德上和物質上的阻礙。對於這一點的論述，也是不可或缺的。並沒有人說要讓我們的行動和意見的形成享有同等的自由。而且相反的是，即便是形成意見和發表意見，當那種意見可能會導致某種煽動性的禍害的時候，也必然失去其自由的權利。

比如說如果只是透過報紙來發表言論，認為窮人之所以饑餓是因為糧商，或者說私人財產代表著掠奪，這些都是沒有問題的；但是如果對著一群在糧商門口群情激奮的群眾喊著口號打著標語進行宣傳，這就不是正當的行為，而應該給予懲罰了。人的任何行為都必須在道德範疇，甚至必要時依靠他人來有一定的約束，不能對他人有不正當的傷害，尤其是在一些重大事件上更是如此。

一個人的自由必須以不妨礙他人的自由為限制。如果一個人按照自己的想法和判斷來實施行動，且對他人毫無妨礙和影響，那麼前文中凡是說明意見自由的論據，都可以同樣證明一個人在自己承擔所有可能出現的後果的前提下有將其意見付諸實施的自由。

在上一章中我們講的那些原則，比如，人都會犯錯；人們當前掌握的真理通常只是部分真理；任何得到公認的意見只要沒有經過與對立意見充分自由公正的辯論，都不能認為其是真理；而意見的分歧對人類認識真理的意義遠遠超出意見本身的意義，只會帶來更大的好處——這些論證都可以用來支持行動自由，而不僅僅可以用來支持意見自由。既然我們說到在人類的智性尚未趨於完善的時候，意見分歧有很大的好處；那麼同樣，就生活方面來

說，生活應當具有不同的方式和體驗，不同性格的人只要在不傷害他人的前提下，應當有其自由發展的空間。

不同的生活方式應當有不同的價值，這些價值只要有人願意，應當允許透過實踐去證明。總而言之，在不妨礙他人的前提下，人應當有堅持自己個性的權利，這是應當得到贊同的。那些不是按照人的性格和想法而總是依靠傳統和習俗來作為自己行為準則的人，是無法找到自己幸福的，而同時也會讓人類和社會的進步缺乏活力和動力。

提出這一觀點遇到的最大的阻礙，不是人們無法理解該用什麼樣的方法去實現既定目標，而是人們根本沒有那個目標。如果大家都能意識到個性是人類福祉的最重要因素之一，如果大家都能意識到個性對於人類福祉的意義不僅與文明、開化、教育、文化等因素具有同等重要的作用，並且是這些因素的來源和必要條件之一，那麼人們就不會低估自由的重要意義了，而是能夠將個人的自由與社會控制之間調整到一個平衡的界限。

然而最讓人擔憂的是，一般人很少會想到主觀能動性究竟具有怎樣的價值。社會上的絕大多數人，他們對於人類現在已經存在的各種方法（而這些方法也正是大多數人一直實行的）十分滿足，根本不會去想這些方法還有哪些不足；更為嚴重的是，在道德和社會的改革家看來，個人的主觀能動性並不是他們想要的，它甚至被視為是一種叛逆或一種麻煩，阻礙了世人去接受被他們認為對人類最有利的方法。

偉大的政治家，也是偉大的思想家罕波爾特（Helm Von Humboldt）曾經發表過這樣一篇論文，儘管真正領會其精神的僅有很少一部分德國人。其主要闡述的宗旨是：「人類的最高目標，或者說在永恆不變的理性規劃下，而不是由短暫欲望促使的目標，就是要讓人類的各種能力達到高度協調的發展，因而成為一個完整的有機整體。」

所以，「每個人，尤其是那些希望能夠讓自己影響別人的人應當竭盡全力去做的事，就是讓自己的個性和能力得到最大化發展。」在這裡，「自由和境地的多樣化」就是兩個必不可少的東西，這二者相融合就出現「個人的活力和繁雜的分歧」，最終演變成彌足珍貴的「創造性」。

然而，雖然像罕波爾特所宣導的教義，人們很少聽到過，但是人們依然為他所認為的個性具有的崇高價值而感到震驚。可是我們必須明白的是，人們對於這個問題的認識只是程度不同。沒有人會認為，模仿和照抄是人生活方式中的美德；沒有人會認為，人的想法和性格應當對自己的行為沒有絲毫影響。另一個角度上來說，如果一定要說人就像他們剛剛出生來到這個世界一樣，對這個世界毫無認識，世界上毫無任何經驗表明如何生活和生存會更好，這無疑是十分荒謬的。

每個人都從年少的時候就開始接受教育和訓練，讓他從人類已經獲得的經驗中受益。但是我們要明白的是，任何一個人，一旦他的能力和心智日趨成熟，就應當允許他按照他自己的方式去解釋和借鑒經驗，這是人應當具有的權利，也是人應當具備的能力。他可以找出哪些經驗適合於自己的性格和情況。別人的經驗和習慣一定程度上來說，是在他們自己身上的驗證，但不能因為這種驗證就強求別人來遵守。

這是因為：

第一，他們的經驗或許具有一定的局限性，而且也不一定能夠對其有完美的正確的解釋。

第二，即使他們對經驗有了正確的解釋，但卻未必適合於他，那些經驗是建立在遵守傳統和習俗的基礎上，但也許，他的性格和情況與習俗格格不入。

第三，即使那些經驗是正確的，而且他的性格也和傳統的習俗相符合，但如果僅僅因為是傳統就必須遵守，對他不會有積極的教育意義，也不會讓他人性中的任何天性有所提升。

諸如一個人的觀察能力、判斷能力、識別能力、智力包括道德判斷等等需要透過不斷的選擇分析才更懂得加以利用。如果因為是傳統經驗就不假思索和選擇地照搬，無論是他的辨別能力，還是他的判斷能力，都得不到鍛鍊的機會。智力和道德從某種程度上和肌肉一樣，不斷的運用才會讓其不斷的發展。

就像一個人相信一件事僅僅是因為別人也相信那件事一樣，一個人做一件事也是因為別人做了那件事，他就沒有運用心智。所以，按照我們上文中所講的理論，一個對於任何尚沒有被完全論述正確的意見，就不加理性思考而全盤接受的人，只會逐漸減弱理性；如果一種經驗與自身的性格和情況並不吻合，卻不遵從自己的想法而接受，也許會讓其性格和情感日趨遲鈍和懈怠，而失去活力。

如果一個人，完全聽從世界甚至僅僅是與自己有關的一小部分世界為其選定的生活方式，那只需要如同人猿一樣具有模仿能力就足夠了，不需要其他任何人類具有的能力。要想由自己來選擇適合自己的生活方式，就需要運用自己的所有能力，比如利用自己的觀察力去看清自己所處的環境，利用推理能力和判斷能力去預測未來可能發生的事；利用活動能力去搜集做決定所需的各項材料，利用思辨能力反覆權衡，在最終決定做出之後，還需要用自己堅忍不拔的毅力和自我控制能力去堅持自己理性的行動。在對這些能力的運用過程中，按照自己的想法和情感來決定自己行為也在讓那些能力不斷提升。

或許，即使一個人完全不具備這些能力，他也有可能不會被引上歧路，但如果這樣的話，作為一個人的價值又展現在哪裡呢？一個人真正重要的是他成為了什麼樣的人，而不僅僅是他做了什麼事。在一個人不斷努力完善自己生命的過程中，最重要的無疑是人本身。如果只是像機器人一樣，建好了房子，春種秋收，像機器人一樣作戰，像機器人一樣審案，甚至像機器人一樣建好教堂去去將祈禱文一一念過，這樣的情況下，人世間的男男女女和自然界的那些標本究竟有什麼區別？

人不是機器，不可能按照同一個模型複製出來，又分毫不差的做好他們被要求要做的事；人更像是一棵樹，需要從各個方面不斷成長，遵從內心的動力驅使，而不斷成長成熟。

參見罕波爾特之著作《政府的範圍和義務》（The Sphere and Duties of Government），德文版11～13頁

大家或許普遍都會認可一點：人應當充分利用其理解能力，對於傳統的

習俗，需要帶著思想的去接受和遵循，甚至需要帶著思想去反對，這遠比機械的接受要好得多。總而言之，如同大家都認可的，人應當擁有理解能力。如果我說人也擁有欲望和衝動，並且在一定條件控制下，欲望和衝動也不總是給我們帶來壞處，或許這一點大家就比較不那麼容易接受了。

然而，欲望和衝動也是構成完整人性的必不可少的部分，與信賴、控制具有同等重要的意義。如果說強烈的衝動會使我們陷入困境，其實僅僅是因為它沒有了平衡；換句話說，當某一目的的衝動已經成為一股成熟的力量，而能夠與之相對立的思想還微弱到不足以與之抗衡。

人們之所以會犯罪，很多時候並不是因為其欲望足夠強烈，更多的時候是因為良心的力量過弱。而欲望強和良心弱並沒有直接的關係。我們說一個人具有較強欲望的感情，其實只是因為他具備更多的人的因素和材料，或許因此讓他做出很多錯事，但同時他也有能力做很多好事。強烈的衝動同精力旺盛某種程度上是一個意思。

精力當然可以被用在做壞事上，但通常來說，一個精力無窮的人比一個總是無精打采的人可以更多地做出有益的事。那些擁有豐富情感的人，經過教育和培養，往往也可以成為具有最強烈教養情感的人。強烈的對美的追求和嚴格的自我控制，讓人產生強烈的感受力以及充足的動力。必須對這些人的進行呵護和鼓勵，社會才算發揮了積極作用，絕不能因為不知道英雄從何而來，就將所有英雄的材料全部摒棄。

一個有性格的人就是衝動和欲望——這是他的本性，經過培養教育之後逐漸形成的——屬於自己的人；一個沒有性格的人，連暴怒的欲望都不屬於自己，就像一台機器一樣。如果一個人的衝動和欲望不僅屬於自己並且還足夠強烈，如果再能加上良好的自我管控能力，那麼這就鍛造出一個富有精力的性格。那些認為人的欲望和衝動應當給予壓制的人，必然會認為強有力的人性無益於社會，富有精力的人越少越好。

在社會起初時期，欲望和衝動的能量遠遠超過當時社會控制和訓練力量。在那個時期，人的能動性和個性力量過強，因此人們制定各種社會的原則與其展開艱苦卓絕的鬥爭。那時候人們面對的最大難題是讓那些富有精力

的人如何更好的控制自己的衝動，如何用規則對他們進行更好的約束。為了解決這個難題而確定的一種凌駕於個人之上的權力，也就是法律和道德規則（教皇與皇帝們的鬥爭就是這樣），透過控制他們的生活從而來控制他們的性格——那種性格在當時的社會狀況下沒有可以有效控制的手段。

然而時代發展至今，社會的力量不斷壯大，已經遠遠超出了個性的力量；現在人類面臨的問題已經不是人類的衝動和欲望過多的問題，而是其遠遠不足。那時面臨的狀況是，能力與個性能力俱強之人，他們的衝動性格讓違法亂紀成為習慣，因此需要為這種習慣設置限制，進而使人們享有安全的保障。但如今的狀況已經大相徑庭，生活在當前世界的社會各個階層，每個人都像被一隻眼睛時時監督，時刻都保持小心翼翼。

不管是一個人還是一個家庭，不僅對於他人之事漫不經心，就是對自己之事也抱以無所謂的態度，他們幾乎從來不會去想：我該如何抉擇？我的性格和氣質引導我去做什麼？我身上的優點、高尚的東西，如何才能更好地發揮作用並且不斷成長？

反倒想得多的是：與我所處相同地位的人在做什麼？和我具有相同地位相同經濟能力的人他們在做什麼？我還並不是說，他們在遵守傳統習俗與尊重自己內心想法之間，選擇了傳統習俗，而是他們除了只會選擇傳統習俗以外，自己內心毫無想法。

一個人的心靈被枷鎖完全泯滅。就算是在生活中的玩樂，他們想得更多的也只是去迎合大眾；他們更加喜歡藏於人群之中而不是特立獨行；他們更加喜歡做大多數人都在做的事情。那些怪異的行為、獨特趣味是竭盡全力也要去摒棄的。

因為從未遵循內心本性，長此以往內心便再無可遵循之本性。於是人性萎縮了，擁有強烈願望和享受與生俱來的快樂的能力蕩然無存，也完全喪失了本應各自成長，而且屬於自己的情感和意見。這樣的人性真的是我們想要的嗎？

按照加爾文學派的理論，這樣的人性是可取的。他們認為人的自我意志是人的最大罪惡來源。人唯一能做的善行就是服從。你沒有任何選擇的機

會，你只有按照神指示的那樣去做，除此之外別無他法。

「凡不是義務的就是罪惡」。由於人性的根本是壞的，所以人要想贖罪就需要無條件的泯滅人性。

在這種學說的支持者看來，壓制人類所有的官能、能力和情感都不是罪惡的；人不需要任何其他的能力，只需要對上帝保持絕對服從即可；人所具有的所有官能，只是為了更好的去完成那個假想意志，其他任何目的的使用都不如失去那項官能更好。

這就是加爾文主義的主張。除此之外也有一部分人認同這個理論，只是他們的形式稍微溫和。說他們的行事溫和，是因為他們口中的上帝意志很少要求人們禁欲，甚至他們會說上帝的意志也要滿足人類的想法；只是不能用他們想像的任何方式來選擇自己想要的東西，而是必須按照某些固定方法，這些方法由上帝指定給他們。這才是他們的理論的核心。

這種溫和的方式，其實更加狡詐，如同他們所說的那樣讓人們的生活和人生不斷被禁錮、限制甚至扭曲。或許很多人是發自內心的認為正是造物主需要人的性格被控制被雕琢；就像他們很多人都認為那些被修剪成動物模樣的樹木以及那些被修枝去頂的樹木比它們擁有的自然形態要好看得多一樣。

然而，創造人的來自於一個善的存在，如果還有宗教會這樣認為的話，那麼就應當認為之所以將那些官能賦予人類，是希望他們得到更好的使用和培養，可以讓他們更加盡情的發揮而不是讓他們被抑制，被泯滅。同時也應該認為，那個善的存在會希望看到人類用他們身上具有的理解能力、活動能力、甚至享受能力來讓自己更接近他們身上的理想狀態。

一種持有與加爾文主義不同觀點中，對於人類個性是這樣認為的，人類具有這些個性是為了更好地用來弘揚而不是被壓制。與「基督教的自我否定」一樣「禮教的自我主張」都是具有同等價值的。

此外還有一種源於希臘的自我發展理論，柏拉圖與將基督教的自我控制思想貫通融合，而不是直接取代。在我看來，如果可能的話，與其做阿爾西比蒂（Alcibiades），不如去做約翰諾克斯 (John Knox）；如果做一個帕呂克里斯（Pericles）無疑就更好了；當然，我們必須要說如果在我們的生活中有一個帕呂克里斯，也一定不會缺少約翰洛克斯應得的所有利益。

人類要想成就高貴美好，就不能夠將人心中的個性雕琢成千篇一律，而需要這種個性在他人權利和利益的許可範圍內發揚。弘揚這種個性的同時也培養了人的性格，在這一過程中，人的生活變得多姿多彩充滿活力，也能為精神思維和道德思維提供更多的養分，加強了個人和國家民族之間的密切聯繫，因為在這個過程中，民族的個性也如同個人的個性一樣，得到了極大弘揚。

與之對應的是，每個人的個性也變的對自己更具價值，對他人來說也更具價值。個性的發展更大程度的充實了每個人的生命，當個體的生命具有更多活力時，由個體組成的社會整體無疑也具有更多的活力。

當然我們也必須防止那些個性較強者侵害他人的利益，需要有一定合理的壓制。然而，以人類社會發展的角度來看，這種壓制也是有其積極意義而足以彌補損失的。那些無法抑制便會損傷他人得個性被壓制帶來的損失，因為其他人的發展而收到了回報。

而且，就算對他本人來說，也正是因為這種合理的壓制，是其個性中過於注重自我的部分，會向更好的方向來發展，這種得失也是均衡的。一個人因為別人的權利和利益而服從於正義的規律，這對於完善他的思維和情感有極大作用。

但是如果在那些無關他人利益的情況下僅僅顧慮他人是否滿意而束縛了自己的想法和行為，這就不能發展其個性提升其價值，而只會讓自己心中弘揚個性反抗束縛的力量越來越微弱。

一個人若事事妥協最終只會讓自己的全部本性變得遲鈍模糊。一個社會，要想給予每一種個性的人公平公正的發展機會，最重要的就是讓不同性格的人可以有不同的選擇。無論在哪個時代，我們只需要看到這種自由能夠被釋放到何種程度，就大致能夠判斷出這個時代有多少可以為後人喝彩的成就。即使是回到專制時代也並非世界末日，只要人的個性還一直存在；事實上，凡是對人的個性的壓制都是專制的，無論這種壓制的力量被如何命名，也無論這種壓制的力量號稱來自於上帝或是來自於某個權威。

參見斯德林（Sterling）論文集。

我們在前文中已經提出了個性和發展是完美統一的，只有鼓勵和弘揚個性才能夠讓人類發展的更好。那麼我們就可以這樣說，能夠讓人類有更好更完美的發展，難道不是一件最好的事嗎？難道還有比妨礙這種更好的發展更糟糕的嗎？當然只是這樣的結論似乎還不足以說服某些人，尤其是對於那些不要自由也不想從自由中獲得任何好處的人。對於他們，我必須要告訴他們不斷發展的人相比較停滯不前的人，究竟可以得到怎樣的好處？而且如果這對於他人的自由不加干涉，很容易想像到他們也會因此而帶來回報。

首先，我想說的是他們可以從那些不斷進步的人那裡得到新的東西。相信沒有人會認為，人類社會的發展不需要創造力。無論在什麼時候，我們都需要有人不斷的告訴我們，我們現在堅守的某些真理已經不合時宜，需要有人告訴我們這些真理在什麼時候已非真理，需要有人為我們不斷去發現新的真理，還需要有人在我們的生活中，不斷開創探索一些新的方法可以提供給他人做借鑒。除非你認為當今的世界已經完美無缺，那麼對這一點想必不會有任何反對。

當然，這些事情不是每個人都有能力做出的。在整個人類社會中，或許只有極少數的人的生活經驗，因為符合其個性的做法帶來的好處可以被他人借鑒。儘管這樣的人很少，但也遠比沒有要好得多。這極少的一部分人，就像湯中之鹽一樣，一旦沒有他們，人類社會將完全沒有鮮活，如同一潭死水。

這些人不僅僅開創了新的生活方式，對於現有生命鮮活度的保持也極有意義。如果這個世界不需要創新，那麼人類智慧將毫無用處，人們會像牛馬一樣只會按照前人所做之事一樣按部就班地做每一件事，甚至最後都忘記了為何要做這件事。

即使對於那些最好的思想和最好的行為的傳承，也會逐漸變得機械化。這就需要有人不斷的利用其創造性來阻止那些思想和行為只是被動傳承的狀況，即使是微小的活的東西，也可以給死的東西極大的震撼。當年的拜占庭

帝國就是因為缺乏這樣的創造性，而最終走向沒落，逐漸消亡。

當然我們必須承認的是，天才永遠是人類中的極少數，但是為了這極少數，我們必須為他們創造適合他們生存的空間，天才需要有可以自由呼吸的空氣。天才就是有著比常人更多的個性，也正是因為這個原因，他們面對這個社會中為了消除人的個性帶來的麻煩而設置的禁錮，也就更不能適應甚至受到傷害。一旦他們因為性格懦弱而被迫接受這種禁錮，讓在這種禁錮下不得成長的個性無從發揮，社會也就不會因為他天才的性格而因此受益了。

如果他們足夠強大，能夠衝破禁錮，他們就會變成在這個社會中打破枷鎖、卓爾不群之人，社會或許會予以「野人」「怪物」等稱號給予其嚴厲的警告；就好像有人在抱怨咆哮奔流的尼加拉河為什麼不能如同荷蘭的運河那樣在兩岸之間平靜流淌呢？

我一直在極力證明天才具有的重要意義，並且要讓他們的思維和行動，享受不受約束的自由；我相信這一點，理論上是沒有人會否定的，但是在實際狀況中，大概每個人都會表現出他們的漠不關心。

人們大概會這麼認為，如果一個天才創造出一幅優美的畫卷，或是一首動人的音樂，當然是極好的；可是他們創造的是一種思想、一種理念，需要透過行動來展現，或許沒有幾個人會給予真正的贊同，而是認為，就算沒有那些我一樣可以很好的生活。這一點也是自然而然可以理解的，然而這也是十分不幸的。

那些缺乏創造性的心靈，是無法感受到創造性的巨大價值的，因為你無法看到它可以為你直接帶來什麼？——之所以稱之為創造性，就是因為在其之前未曾出現。如果你可以很清晰的看到它為你帶來什麼，那也就不能再稱之為創造性了。創造性首先能為我們帶來的好處，就是將我們的眼界打開；一旦我們的眼界被打開，我們也可以充分發揮我們自己的創造性。

大家需要知道，任何一件事都是由第一個人第一次做出來的；人們還需要知道，世界的所有美好都是創造性結下的豐碩果實。所以我們更加需要清楚的是，世界上有太多的事情需要創造性了，我們也更加需要清楚的是當我們意識到創造性有多麼缺乏也就代表著我們有多麼需要創造性。

然而，不管我們真誠的將弘揚個性放到何等舉足輕重的位置，甚至給予崇拜，但現在世界的一般趨勢就是平凡正在社會中佔據上風。在古代，從封建社會到現代的發展過程中，這種個性的弘揚正在逐步減弱。然而在中世紀，每個人都代表著一種勢力，那些具有極高聰明才智和佔據崇高地位的人，是很大的勢力。然而發展至今，個人卻在群體的掩埋下慢慢消失了。在當今政治中，如果我們說統治世界的是公眾意見，這其實是無用的廢話。

在當今社會中唯一存在的勢力，或許就是公眾勢力了，或者可以說是代表著公眾傾向和公眾本能的政府勢力，這一點無論是在個人生活的道德體系方面，還是在社會公共事務體系方面都是相同的。只是，很多意見都被戴上了公眾意見的帽子，只是其所代表的公眾往往不盡相同。

在美國，所謂的公眾意見只是那些白人們的意見；在英國，所謂的公眾其實就是中產階級。他們的出現永遠是一個群體，或者說永遠是一個群體下的每個平凡的人。

更讓人奇怪的是，現在的人很少從教會或者國家的領袖那裡來獲得自己的意見，而往往是由一些和他們一樣的平凡的人用報紙等工具，打著公眾意見的旗號以他們的名義發表意見。對於這樣的狀況，我並不是單純的抱怨，我也並不可以肯定的說，一定有一種更好方法的可以在當今這種人心低下的狀態下發揮更好的作用。

但是平凡性統治社會必然的結果就是只能成為平凡的統治。一個民主制或多數貴族統治的政府，除非佔有統治地位的人能夠總是接受具有很高教養和天賦的少數人或一個人的指導（最好的時期往往都是如此），否則無論是從其政治行為，對於社會思想、品格、心性的培養，都無法超越平凡。

人類歷史上所有的聰明高貴的思想和事物，其最初總是發軔於極少數的個人，甚至是一個人。跟隨著其開端，人們被那些思想和事物的聰明高貴所激發，進而對那些人報以崇拜和尊重而緊跟其上，並且一直跟隨。我並不是要去宣講「個人崇拜」，讓那些具有天賦的強者去緊緊地抓住世界，讓整個世界完全臣服。他需要做的一切，僅僅是告訴人們一條，並且給予人們選擇的權利。但是如果要強迫人必須選擇那條道路，這一方面也違背了人的自由

和發展，另一方面，這樣的權力也足以腐化墮落那個強者。在公眾意見和平凡勢力正在或已經成為這個世界的統治勢力時，能夠對這種傾向有所制約的就是讓那些思想境界較高之人，更多的弘揚他們的個性。

在這種情況下，那些卓爾不群之人不僅不應當恐嚇威脅，更應該鼓勵他們去做與眾不同之舉。或許在其他時代，或許他們的行為不僅要與眾不同，而且要比普通公眾的做法更好才更具意義。

但是在如今，只要是獨特之舉，只要是沒有屈服於傳統習俗，這都是極大的貢獻。長久以來，怪癖一直被視為一個可以暴虐譴責的物件，所以要突破這樣的禁錮，怪癖更加舉足輕重。我們可以看到，在個性被充分弘揚的時代和地方，一個社會對天才有強大的包容。對精神和行為是否有充分的自由，我們可以從怪癖的多少來做出判斷。當今社會，敢於特立獨行的人鳳毛麟角，這正是這個世界真正陷入危險的標誌。

我們應當給予那些特立獨行的事物自由的發展空間，從中我們可以找到哪些事物可以逐漸演變為習俗。我們之所以鼓勵特立獨行，鼓勵他們對抗習俗和傳統，還不僅僅只是因為給予他們自由，能夠給一種較好的生活方式提供脫穎而出的機會，也不是說只有那些具有更加優異的精神的人才可以自由選擇自己的生活。

如果說，所有人的生活都應當完全遵循一種或者幾種模型，這無疑是荒謬的。只要一個人擁有一些基本的常識和經驗，他為自己思考的生活方式，總是會更好，並非是這種方式本身更好，而是因為那是屬於他自己的方式。人不同於羊，就算是羊，每一隻也都是不是不可辨識的。一個人要想獲得一件合適的衣服或鞋子，要麼需要為他量身定做，要麼可能需要從滿滿一貨站的衣服鞋子中來選擇。難道說選擇一件合適的衣服比選擇一個適合自己的生活更加艱難嗎？或者說人與人之間的物質精神形態的差異難道比人的腳的尺寸的差異更小嗎？

其實只要看看，人們所具有的各種各樣的愛好，就足以說明無法用一個模型來規範所有人了。每個人都需要符合其自身發展條件；每個人都需要獨特的道德氛圍讓他健康的生存；就如同每一種植物，都有適合其自身生長的空氣和氣候一樣。

同樣的一個東西，或許有利於培養和促進一個人的本性，但卻會阻礙和壓制另一個人的本性；同一種生活方式，在一個人看來是健康的、享受的，是能夠讓其身體官能完美釋放的，而在另一個人看來可能就是壓抑的、不勝其煩的、亂人心神的。

快樂之源，對痛苦的感受，物質與道德對人的作用，每個人都大不相同，所以人的生活方式也需要有與之對應的多種不同方式才能讓人獲得人生幸福，才能夠讓一個人的精神、道德、審美等本性不斷成長。

如此說來，為什麼公眾情操還要強求每個人都要勉為其難的嚴格遵守某一些生活方式呢？當然，幾乎沒有人（或許某些僧院組織存在）會對嗜好的分歧有太多的意見，一個人想去划船，喜歡抽菸，樂於鍛鍊，或者要去下棋，打牌，甚至去做研究這些都不會因為被人喜歡或者不喜歡而受到任何責備，因為任何一項嗜好的擁躉數量之多已經無法壓倒。

但是對於有些擁躉數量較少的嗜好，也會被指控為「盡人所不為」或者

「盡人之所為」，對於這樣的男人和女人，尤其是女人給更會成為非議和譴責的對象。每個人都需要擁有一個「隨大流」、「從眾」之類的頭銜作為自己的標誌，這樣才敢於有時稍微肆意而不會惹來非議。而就是這僅僅的一點稍微肆意，也依然會有可能被以精神問題而將其財產轉移給其親屬；至於倘若再敢多一點肆意，或許帶來的危險要遠超過貶斥。

當今社會有一個很明顯的特點，公眾意見對於鮮明的個性的任何表現都極不寬容。人類中的庸才，不只是有平庸的智力，往往其意向和選擇也同樣平庸，他們從沒有做不平常之事的願望，對於有那些願望的人也無法理解，而是直接把他們歸為野性難馴和不受約束的範疇，這也是他們一直所鄙視的。當今或許很多人都很期盼一個道德改進運動。事實上一個這樣的運動確實出現了，但是它對於加強社會規則性，消除社會差異化的作用還是十分顯著的，此外一種旨在改進人們的道德和智性的慈悲為懷的精神在不斷弘揚。

正是在這樣的運動推動下，在這樣的精神感召下，公眾比以前任何時候更加傾向於讓自己的行為符合社會普遍認同的標準。無論這個標準是明文規

定，還是心領神會，都是在引導人們去壓制對任何事物的強烈欲望。完美的性格就是沒有任何明顯特徵的性格；就是要像中國古代傳統婦女的裹腳布一樣，將每個人性格中特立獨行的部分用壓制的方法將其抹去，最終讓每個人都成為千篇一律，和平庸無能的人。

真理常常一半被放棄排除，而後來又用嘉獎鼓勵的方式對另一半進行模仿。這種獎勵標準帶來的後果是，有理性的強有力的精神逐漸微弱，良心控制下的情感也逐漸消失，精力和情感越來越弱，這對於保持表面的合乎規律性當然很有作用。人們花費在任何事情上的精力逐漸變成了一種被動的承襲。在我們現在的國家裡，大概沒有人會把大量精力花在除了生意和賺錢以外的事情上，除此之外，或許是用在了不痛不癢的某種愛好上，儘管這些愛好或許有一定意義，甚至是對慈善的關注。

現在的人認為英國之所以偉大全是因為公眾的力量，而個人的力量微乎其微，這樣的說法也符合當前的道德觀，也讓那些宗教慈善家們十分認同。然而我想說的是，成就偉大英國的和促使英國走向衰落的，都不是這些人，而是另外一些人。

專制的習俗，不管在什麼時候都是阻礙人類前進的障礙，他會一直同那些比習俗更加優越的事物不斷的鬥爭。那種不斷超越習俗勝過習俗的趨勢，我們可以稱之為自由，或者叫做進步。進步與自由並不完全相等，因為在某些時候，進步會將那些他認為有益的東西，強加給暫時不願意接受的人，自由此時就會站在進步的反面，甚至有時候還會同習俗一起聯合起來反對進步。

注：

近些年來，每個人都可都被法庭判決為對自己的事物不配處理，從而在死的時候可以不用承擔財產的處分，只要承擔相關訴訟費用即可。在我看來這些案件的證人讓人既鄙視有震驚。只要對一個人細微生活加以觀察，找到與習俗不相符合的地方，就可以作為提供給陪審官其精神錯亂的證據，而且往往還能夠生效，因為陪審官的智商和庸俗與證人相比所差無幾，或許只是更加的缺乏人性和生活常識（這樣的無知之徒在當今英國法律界依然很多）以至於他們總能誤判。這些判例也不斷在表達著俗人們對於自由和情感的看法。法官和陪審

員對於個性的重要意義一無所知。

他們對於人在無所謂的事情上依照自己的判斷和意識行動的規律和權利，以至於他們無法想到一個精神健全之人能有那種訴求。歷史上，那些被燒死的無神論者總是會被慈悲人士說可以送到瘋人院，然而在現在，這種事情居然真的成了顯示。而且執行者還以沒有採用迫害的方式感到沾沾自喜，並且為認為他們收到了相符的懲罰而滿足，這也就毫不足怪了。

但是我們要明確的是自由是進步最可靠的泉源，只要自由意志存在，每個人都有可能不斷的追尋進步。但是對於前進來說，無論是因為追求前進，還是在自由的驅動下前進，習俗總會站在反面，前進總是嘗試將人們從習俗的制約中解放出來。這二者之間的鬥爭也是人類歷史上永恆的課題，換句話說當今世界被習俗禁錮，使得我們失去了歷史。

在世界的東方，就存在著這樣的狀況。在那裡所有的事物都遵循習俗，任何意見，也必須以習俗為依據，除了那些異想天開的暴君們沒有人會想著從習俗中逃離出來，而其結果我們已經看到了。那個國家和民族一定曾經有著極強的創造性，他們並不是一開始就有著繁榮的文化、多種的藝術，富足的財富，這一切都是他們創造出來的，也讓他們成為了當時世界上最偉大最富強的國家和民族。

但是現在呢？他們只能淪為另外一些國家和民族的附庸——當前者的祖輩們已經擁有了壯美的宮殿和雄偉的廟宇的時候，後者的祖先們還穿著獸皮生活在山林之中，只是那裡的社會由習俗和自由、前進共同統治。

如此說來一個民族一定會在長期前進之後停滯下來，其停滯下來的時間就在個性不復存在之時。對於歐洲國家，如果一個國家和民族的前進停止下來，應該也不會出現和那樣完全相同的情況，因為歐洲國家專制習俗帶來的並不是完全靜止。在這裡，專制習俗反對的是特立獨行，但對於變化則是許可的，只是這樣的變化需要大家一起變。

比如，今天的我們穿著與古代的人們完全不同的服裝，但是我們必須和其他人穿著一樣；我們穿著的衣服的式樣或許一年也會有幾次變化，但是這

種變化更多的時候是為變而變，變化的目的並不是讓他方便或者更美觀；因為不會有任何一種方便和美觀在瞬間打動所有人，而在另一個時間又立刻被所有人完全放棄。我們是允許前進允許變化，在機械方面我們不斷湧現出新的發明，並且會有更新的發明來替代；我們對於政治、教育、道德也一直在尋求前進和變化，只是這種前進和變化，需要強迫和說服所有人共同接受。

被我們極力反對的是個性，讓我們自己和所有其他人保持一樣，被我們認為這是真正的完美；然而我們忽略了人與人之間是不同的，正是因為人與人之間的不同大家才會相互吸引，我們會從這種不同中發現自己類型的不足，你會看到他人類型的長處，甚至在這種不同的相互比較中，產生出比二者更好的事物。

我們要時刻牢記中國這個前車之鑒，他們有著天大的幸運，在很早的時候就擁有一套非常完善的習俗，這得益於曾經出現在那裡的那些聖人先賢們，他們的功績使得即使開明的歐洲人也足以稱他們為聖賢。

他們還有另外引人注目之處，就是建立了一套有效的工具使得這個民族的最高智慧可以深入人心，進到每個人的心裡，並且擁有智慧的人可以得到權力和地位的保障。毋庸置疑，那個時候的他們可以說掌握了人類前進的關鍵，也使他們一直位於世界前列。

然而，當他們逐漸停止下來，變成靜止的，數千年來原地踏步，除非在外國人的幫助下或許才會產生前進的動力。現在英國，那些慈善家們正致力於用同一種理論同一種規範來約束所有人的思想和行為，其實施的程度甚至超出了他們預期之外；可是由此帶來的結果是，如同中國曾經專制的政治教育制度一樣，公眾意見正在建立他們的王朝，無非是前者有明確的組織形式而後者是透過無組織來實現的。

儘管有著輝煌的歷史，儘管有著對基督教的忠誠信仰，如果獨特的個性沒有強力的肯定自己，沖出禁錮，歐洲必然會重蹈中國之覆轍。

是什麼原因導致當今的歐洲沒有成為第二個中國呢？是什麼原因使得當今歐洲這個多民族集合體一直保持著進步而沒有陷入靜止呢？當然不是所謂的傳統美德。如果傳統美德存在的話，那也只能作為結果出現，而絕不會是

原因——其根本原因就是性格和所處環境的巨大差異。人與人、階層與階層、國家與國家，彼此之間互不相同，並且開闢了各種屬於自己的路徑，這些路徑都為他們帶來了價值；儘管行走在不同道路上的人互不寬容，都試圖將別人拉到自己的道路上，但這種鬥爭雖然激烈卻不持久，最終每個人都享受了來自他人不同道路上帶來的利益。

在我看來，歐洲之所以可以不斷前進並且獲得多元化發展，這才是根本原因。然而，這種狀況帶來的好處已經幾乎消耗殆盡了。歐洲也正如同中國在同一化的道路上越走越遠。

托克韋爾（M.de Tocqueville）曾經在他的著作中論述了當今法國人比過去的法國人如何更加相像。而我要說的是，如果說英國人可能更符合這樣的特點。我們在前面的章節中引用了罕波爾特的一句話，他特意點出「自由和境地的多樣化」是人類發展的所必需的兩個條件，也是要保持人與人之間的差異性所必須的條件。

然而在當今世界，第二個條件也就是境地的差異化已經日趨減少；不同階層，不同性格的人，他們正在面對著日趨相同的環境。現在的人每天讀到的，聽到的，看到的東西是相同的，去的地方是相同的，甚至連心中希望和恐懼的也是相同的；人們享有相同的權利和自由，連列舉自己主張的手法都是相同的，儘管看上去地位的差距依然很大，但比起那些消失的差異，這點差異也微乎其微了。

更糟糕的是，社會的同化還在加劇；政治變化促使同化，因為所有的變化都只是為了讓高的降低而讓低的升高，趨於一種中庸模式；教育變化促使同化，因為總是把所有人放在同樣的一般事實和一般情操的影響下；交通的改善促使同化，因為生活在不同地方的人們更加利於融合，甚至引起移居的潮流；商業和製造業的發展促使同化，因為其讓所有人都享受了良好的舒適的環境，將曾經需要很大野心很大努力的目標轉變成了開放競爭，不斷爬升的欲望不再屬於特定階層，而是成為所有階層的嚮往。

還有一個因素比上述所有因素更加促使同化，就是公眾意見幾乎在所有自由國家裡都已經建立了強大的優勢地位，於是所有人都躲在壁壘之中而將

不同意見隔絕其外，當政治家對於反對公眾意見的想法都消失的時候，社會上已經不會再有人對反面意見給予支援了。於是，那種在獨特個性驅使下反對公眾意見的力量消失殆盡了。

所有上面提到的因素結合在一起，就形成一股強大的對抗個性的勢力，讓個性的弘揚和保留陷入絕望。只有我們努力做到讓公眾認識到獨特個性的重要意義，讓他們明白即使那些差異並不是更好的，但存在差異這件事本身就是好事，才能讓獨特的個性保留一定的希望。如果我們還希望獨特的個性能夠發揚，那麼在現在完全的同化還沒有形成的時候，已經迫在眉睫了。

要想對抗某種力量的蠶食，階段越早成功的可能性才越大。如果等到同質化完成，生活只剩一種模式的時候，所有的哪怕最微弱的反抗恐怕也會被冠以不敬神、不道德、另類和喪失人性。當人們已經習慣於生活中沒有差異的時候，恐怕絞盡腦汁再也想不出差異了。

第四章　論社會對於個人權威的限度

個人正當行使自己的權利可以到什麼程度呢？社會對於個人權利的正當限制又應該從哪裡開始，到哪裡結束呢？個人的生活中，有哪些應當由個性來支配，有哪些應當由社會來約束呢？事情如果單獨只涉及到社會或個人，我們就讓其各自來承擔；與社會有關的歸於社會，與個人有關的歸於個人。

第四章　論社會對於個人權威的限度

個人正當行使自己的權利可以到什麼程度呢？社會對於個人權利的正當限制又應該從哪裡開始，到哪裡結束呢？個人的生活中，有哪些應當由個性來支配，有哪些應當由社會來約束呢？事情如果單獨只涉及到社會或個人，我們就讓其各自來承擔；與社會有關的歸於社會，與個人有關的歸於個人。

儘管社會並沒有就社會和個人義務建立任何契約，當然如果建立這樣的契約也不會有十分明顯的效果，但既然個人處於社會之中，受社會保護，那麼必然應當對社會做出一定的貢獻；每個人都是社會中的一員，所以彼此的行為必然要遵守某種規則，這是不可或缺的。

個人的行為，首先要保證不會傷害他人利益和權利，不管這種利益和權利是在法律中明文規定的，或是在社會中約定俗成的。其次每個人作為社會的一員，都有責任來保證社會秩序的正常運行以及社會的其他成員不會遭到損害（這些需要有公正的原則來規定）。

這些人們應盡的義務如果有人去逃避，社會有要求其執行的權力，並且必要時可以採取強制措施。而且社會可做之事還有很多，如果一個人的行為對他人有所傷害，或是對他人的利益考慮不足，這些傷害或損失又沒有達到法律規定的程度，這樣的行為儘管可以不受法律制裁，但是應當受到輿論的監督和懲罰。

整體來說，一個人的行為只要傷害了他人的利益和權利，社會就可以對其做出判決。當然社會在生活事務中的處理是否真正增進了全人類的福祉，還是需要討論的問題。然而，如果一個人的行為對其他人沒有任何影響，或者說除非其他人是樂於被影響的否則都不會影響到他們的權利和利益（我們所說的人是指具有正常理解能力的成年人），那這樣的討論就根本不會存在，在這種事情上，人們應當享有行動的完全自由，並且由其承擔相應的全部後果。

如果這樣的說法被人理解成為每個人只關注自己的事情而對他人的事情漠不關心，除非事關自己的利益就完全不去做涉及他人的福利和善行，這就

是一種很大的誤解。毋庸置疑的是，對於他人的不求回報的善行在任何時候都是不嫌其多的。然而，即使是不求回報的善行，也應該盡力說服他人而不是用皮鞭或板子來強迫他人接受。至於說個人道德能促使這樣的行為我是不在意的。在我看來個人道德和社會道德，在其中所產生的作用同樣微乎其微。

教育的作用，也只是讓個人道德盡可能的接近社會道德。但是就算是教育，其使用的方法也有說服和強迫等不同的方式，那些早已不在教育時期的人，道德教誨只應該用說服的方式。人與人之間應該相互協助來辨別真善美和假醜惡，應該相互協助來幫助對方選擇前者而摒棄後者，還應該常常相互交流，使其感官的功能日益強大，讓人的感情和才智日趨高尚和聰明，讓其具有更高的人生目標而不是讓其日趨墮落。

然而，對於一個成年人來說，無論是他人還是社會都沒有權利要求他為了他自己的利益而去窮盡一生精力做任何一件事。一個人的利益，給予最高關切的永遠是他自己；除非是與他人的利益密切相關的，任何人對他的利益的關切比起他自己來說都是微乎其微的，社會對於他的利益的關切也只是片面的（他的行為與其他人沒有密切聯繫的情況下），而且這種關切也只是一種間接的行為。而一個人對於自身的情感和能力的認識，即使是任何一個平凡的人，必然比其他任何人對他的認識更深。

對於一件只與自己相關的事情，社會出於對他利益的考慮而強迫他改變自己的判斷、計畫或目的，只能出於一種主觀判斷，然而這種主觀判斷的正確性讓人懷疑；即使這種主觀判斷是正確的，可能也只是社會相信了一些表面上看起來對這件事的部分內容有正確認識的人所做出的片面判斷。

所以說，在人類的生活中，個性應當被給予其一定的活動空間。在社會活動中，人的行為應當嚴格依據一般準則的約束，這有助於人們更加明晰其目的。但是對於那些只與自己相關的事情，其自由應該享有充分的保證。

我們可以提供給他有助於其判斷的意見，我們可以給予他堅強意志的鼓勵，這些甚至可以強加給他；但是他才是唯一的判斷者和決策者。一個人對於勸告和警告置若罔聞犯下的錯誤，相比較那些打著為了他人利益的旗號而強迫別人的行為，其罪惡還是要小得多的。

我想表達的並不是說一個人對於他人的觀感完全不受其品質好壞的影響，這是無法做到的也是不提倡的。如果一個人擁有良好的品質，並且努力不斷完善，這樣無疑更加接近人性的完美，當然是應當給予讚揚的；如果一個人的某方面品質存在缺陷，當然也是應當給予批評和譴責的。

任何一個人的愚蠢的行為、低級趣味的情操、墮落的道德（這些詞語聽起來會讓人極不舒服），儘管不能夠成為人們傷害他的理由，但是也必然會被人們譴責批評，甚至更嚴重一些會被人們鄙視；對於一個在這方面具有良好品質的人，怎麼可能會沒有這種情感產生呢？或許一個人並沒有做過傷害別人的事，但依然人們會認為他是一個呆子，或是一個品格低下的人，這些是他所不願意聽到的，所以如果說他知道了這些評價而把它當作是警告以免自己下次做得更糟，那麼對他來說這也是有益的事情。

如果這種有益的事情能夠更加隨意的做出而不是局限於客氣，如果能夠真誠的對一個人講出他所存在的缺陷和不足而不被認為是冒犯的話，這就更好了。我們有權利用各種方式讓我們對某人的不良觀感正當表達，既不冒犯他的個性，也能夠讓我們的個性正當發揮。

比如說，非必要的情況下我們可以不走進他的圈子（儘管我們也沒必要誇大這種躲避），我們可以選擇我們自己喜歡的圈子，這是我們的權利；同時，如果我們認為他的行為或言論有可能傷害到與他交往的人，我們也可以發出警告和勸誡，這不僅是我的權利，某種程度上來說也是我們的義務。如果不是專門為了幫助他改進缺陷和不足，生活中我們的那些隨意的善舉也可以施與別人，而不是他。

透過這種方式，一個具有某些不會傷害他人的缺點和不足的人，也會感受到來自他人的懲罰；然而這種懲罰的來源是他自身的缺點和不足，而不是因為有人故意為了懲罰他而懲罰。一個人暴躁魯莽、剛愎自用、自我吹噓、生活無節制、縱欲甚至追求獸性的快樂，這樣的人只會得到別人的鄙視和看輕；對於這樣的結果他是沒有任何抱怨的資格的，除非他具有優越的社會地位或社會關係，可以讓人們無視他的這些缺點，願意為他付出自己的勞動。

我們需要澄清的一點是，如果一個人只是自己的行為或性格的缺陷和不足，而不會影響到他人的利益，他為此所需要承擔的後果只是因為這些缺陷和不足帶來的觀感不佳而引起的不便。一旦有傷害了他人的權利或利益，情況則完全不同。

一個人沒有任何正當理由的無視了他人的權利；損害了他人的利益，虛偽、兩面三刀、仗勢欺人、自私自利而不給予他人保護，這些行為，都是應當給予道德譴責的，甚至在情節嚴重的情況下，應當給予道德報復或法律制裁。這樣的行為是錯誤的，引導這樣的行為產生的情感也是錯誤的，人們應當給予譴責，表示厭惡。

那些邪惡的道德，諸如兇殘暴虐的性情，乖張的性格，嫉妒和虛偽、無緣由的暴怒、欺凌弱小、喜歡佔便宜（希臘人稱之為「傷廉」）、貶低別人而抬高自己，自己的利益高於一切、唯己主義等等，都是令人十分憎惡的。這些與前面所講的那些不足和缺陷是不同的，那些缺點只關乎自身而不影響他人，最多也只能稱其為不道德而不能說其是罪惡。他們只是因為要自愛而不自愛，從而缺乏對他人的義務被人們所譴責，這樣的行為最大限度上也只能說其是愚蠢或者缺乏個人尊重。

我們所謂的對己的義務就是不需要承擔任何社會後果，除非情況演變為對他人的義務。這也被稱之為自慎，或者自重、自我發展，這些事情不需要對他人承擔責任，因為這並不是有關全人類利益的事情。

一個人的品質在某方面的不足會引起我們觀感方面的不滿，這與傷害他人的權利和利益引起的憤怒和選擇，二者之間是有著顯著區別的。對於前者，儘管我們不滿，但是我們沒有權力對他的事情直接干涉，對於後者帶給他人的傷害和損失讓我們有權對其有所控制。無論是在情感上還是在行為上，我們都會有截然不同的表現。如果他只是讓我們不滿，我們可以不和他接觸，像躲避一個十分討厭的東西一樣，但是我們卻不會也無權去干涉和破壞他的生活。

我們或許會想因為它的缺陷他正在或者即將受到懲罰；因為他的缺陷讓他的生活變得糟糕，我們也不能因此而讓他更加糟糕，反而有時會想著幫他

指出錯誤或者對他的錯誤做出補救，使他遭受的懲罰有所減輕。誠然這樣的人我們不會喜歡，但更多的是抱以憐憫而不是憤怒，不是視其為社會之敵；如果我們心中實在沒有幫他指出錯誤的好意，最大限度上也就是放任自留。

然而，如果是一個人或者一個組織違反了保護社會所應遵守的準則，損害了他人的權利和利益，結果就會大不相同。因為在這樣的狀況下，其錯誤的行為導致的後果將會由他人而不是他自己來承擔；此時，作為所有成員的保護者，社會就必須予以懲罰，並且是帶著明確的懲罰目的，實施具有一定嚴厲程度的懲罰而讓他痛苦。

總而言之，此時的他就是一個犯罪之人，我們不僅有資格代表社會審判他，並且必須要保證審判的結果予以執行。除此之外，我們沒有權利再去讓他承擔其他任何額外痛苦，除非是那些在行使我們的正當權力的過程中，因為偶然而落在他頭上痛苦。

我們在文中說道，人們在生活中事關自己和事關社會的事物可以得到區分，這一點或許很多人不太認同。他們想說的是，一個人作為社會中的一員，絕不會是完全孤立的，對於他人怎麼可能完全沒有影響呢？一個人若犯了錯，即使只是損害了自己，但是這種結果至少也會讓身邊的親人受害，很多時候還不止親人。

如果他們損失了財富，對於那些在財富上對他們有所依靠的人也是一種損失，同時也是社會總財富的一種損失。如果他們傷害了自己的身體或某個感官，對於那些從他身上獲得快樂的人也無疑承擔了這種災禍，同時他自己也失去了對社會對他人盡其所應盡義務的能力，他也成了那些基於好心和善意的人的負擔；如果這種行為時常發生，或許比某種罪惡對人的福祉損害更大。

也有人還會這樣說，就算一個人的缺陷或愚蠢，並沒有給他人帶來直接傷害，但是他的行為作為一種榜樣，無疑也是大大有害的；如果我們想到那些因為看到或知道他的行為而被帶上歧途的人，我們也有合理的理由去控制改變他。

此外人們還有這樣的更深層次的想法，即使其錯誤所帶來的後果僅僅只

由犯錯之人自己來承擔，難道社會對於那些不能有效指導自己行為的人沒有幫助改善的責任嗎？對於孩子和未成年人，因為其心智不夠成熟，所以我們需要保護他們，這種保護有時是違背其內心的。

既然如此，對於那些儘管年齡成熟但依然沒有良好的管控自己的能力的人，為什麼社會不能給予他們同樣的保護呢？賭博、酗酒、隨地大小便、不講衛生、好吃懶做等等這些不良習慣和那些被法律禁止的行為一樣，對於人類的幸福和進步有很大的損害，為什麼社會不能用法律的手段合理的將它們完全取締呢？

通常來說法律總有不可避免的不足，輿論為什麼不能成為一支強大的力量來對那些有錯誤行為的人們施以必要的社會懲罰，從而作為法律的補充呢？

可以這樣說，這些事情，並不是要禁錮個性或是泯滅創造力，要禁止的只是從人類出現到現在反覆嘗試並做出了明確判斷的事情，只是人們早已知道這些事對於人的性格和個性完全沒有好處的事情。這些判斷，是在無數人類經驗的基礎上，從道德和理智上給出判斷的真理；而人們想做到的，只是讓後人們不會反覆跌入前人跌入的同一條河流，反覆重複前人犯下的錯誤。

當然我必須得承認，一個人所承受的損失必然會影響到與它有密切關係的人，在一定程度上也會對社會有微弱的影響。如果一個人因為自己的行為而違背了對他人或社會的義務，那麼這件事就不能被看作己與自己有關的事了，應當在道德上予以譴責。

比如說，一個人因為揮霍浪費或者生活無度而負債累累無力償還，或者一個人無力盡到對家庭的贍養和教育的責任，這當然是一種予以譴責的行為，即使是以懲罰也不過分。但是我們要清楚的是，譴責或懲罰是因為其沒有盡到對債主或家人的責任，而不是譴責和懲罰他的揮霍浪費。就算是本打算用於此處的錢被用在一項謹慎的投資上，對於債主和家人的責任缺失依然值得被譴責和懲罰。

喬治•恩韋爾因為想替夫人謀財，而害死了他的叔叔，但即使他是想為正當的生意而謀財，害死了他的叔叔，依然應當被處以絞刑。

還有，一個人因為對惡習的沉迷而為家庭帶來了煩惱，你當然可以指責他忘恩負義或刻薄寡恩，但即使他是為了培養一項有益的習慣，出現這樣的結果依然應當予以譴責，尤其對於那些和他共同生活或者依靠他得到生活享樂的人。

一個人不是為了某項更加重要的義務的情況下，在沒有任何正當理由的情況下損傷了他人的情感和利益，就必然是道德譴責的物件；但譴責他的是他得有失考慮，而不是具體的某項原因，更不是某個與他自己相關的遙遠的導火線。

同樣，一個人因為自己的行為損傷了自己，從而使自己不能履行對他人和社會應盡的確定的義務，他就可以被稱之為犯了社會性的罪。一個普通人醉酒，可能不會因此而獲得懲罰；但是一個軍人醉酒上戰場，一個警察醉酒執行任務這理所應當要接受懲罰。

整體來說，只要對於他人和公眾有明確的傷害或者會帶來肯定的傷害，此時就應當脫離自由的範疇，而進入道德和法律的範疇。

然而，如果一個人的行為既沒有違反明確的社會責任，也沒有給他人帶來明顯的傷害，也只是在理論上對整個社會造成了損害，那麼對於這一點點損害，也是社會尊重個人自由的基礎上可以承受的。如果說一個成年人而沒有足夠的能力來照顧自己或損害自己，如果一定要說他是用損害自己能力的方式來躲避社會責任，我寧願說這是他自己的原因。

但是對於下面的說法我是不認同的。就好像社會對於那些能力不足的人的培養和提高只能透過他們在犯錯之後予以法律或道德的懲罰。每個人都有孩童和未成年時期，在這個時期社會總是在教會他們成為一個可以做出合理行為的人。對於下一代人來說，當前這一代人既是他們培訓和教育的主導者，也是決定他們生活環境的主導者。

當然，或許儘管由於道德和智慧的缺乏，當前這一代人並不能夠讓下一代更加出色，儘管竭盡全力但有時卻並非盡善盡美，但至少他們還是會讓正在成長中的一代整體上來說達到與當前相同的水準，或許還能稍稍更好。如果出現大量在長成以後依然如同孩子一樣沒有能力做出合理的判斷和行為的人，這樣的後果似乎更應當由社會來承擔。

對於個人來說社會不僅有教育這一武器，而且還有持有公眾意見的權威，對於那些沒有能力自己做出判斷的人，權威一直在發揮著極重要的作用；同時社會還有另外一種力量，人們用鄙視和厭惡表達著對他們所犯錯誤的懲罰。對於那些只與自己有關的事情，社會並沒有權利去比手畫腳並強迫人們接受的權利，從正義準則來說，這樣的決定只能由他自己來做出，並且承擔其相應的後果。

如果要用一種錯誤的辦法，介入對個人事務的干涉，那麼很有可能會讓本身擁有的好的方法也失去其應有的作用和效果。那些被強迫要求要自我克制和審慎的人，只要他們稍具獨立精神或有一點點盛氣淩人的心態，就一定會對這樣的干涉做出反抗。他們不會認同任何人有控制他的權利，他們會認為對於那些只和他們自己相關的事情的任何干涉都是對他們的損害；而且他們還會用故意加重這種行為的方式來宣示自己的勇氣和精神；用看似謹慎的態度卻做出與干涉完全相反的事。

查理斯二世時代，由於社會對清教徒道德方面的不寬容，反而激起了他們的狂熱的粗野風氣。如果說我們干涉他是為了不讓那些犯錯誤和放縱的人以壞的榜樣影響其他人，不得不說，壞的榜樣當然是有害的，尤其是那些做了壞事而又沒有得到懲罰的榜樣。然而我們重點闡述的是一種沒有損害他人卻對自己有損害的行為，對於這樣的行為一個理智的人都不會認為，從這樣的行為中可以獲得更多的好處而不是壞處。因為這個行為既然是錯誤的，必然會受到來自外界的公正的譴責，隨之而來的就是痛苦和名譽掃地。

我們說反對公眾對於個人事務的干涉，最重要的就是這種干涉一旦介入，往往就會用錯地方。無論是在社會道德方面，還是在對他人的義務方面，介入干涉的，也就是代表大多數人意見的公眾意見，事實上這樣的公眾意見本身儘管有時候也會犯錯，但大多數時候仍然是正確的。因為做出這樣的意見的出發點是他們從對於自身利益的影響，他們會思考的是這個行為一旦行為出現，會如何影響自己。然而在個人事務方面，代表大多數人意見的公眾意見一旦被強加在個人頭上，其正確的可能性或許和錯誤的可能性相同；因

為做出這些意見的出發點最好的程度也就是對於他人的幸福快樂而發表的自己的意見，甚至連這個程度都遠遠不到，公眾只是用一種事不關己的態度毫不顧及當事人的利益而只是表達自己的喜怒哀樂而已。

在很多人看來他能做出的讓人厭惡的行為就是對自己的傷害，把這種傷害看作一種情感上的暴力。正如我們所常見的，當一個虔誠的宗教信仰者在對其他宗教情感表示蔑視的時候，他總是會說是因為別人堅持了不同於他的信仰，而表達了對他和他的宗教的蔑視。

事實上這二者之間大相徑庭，一種情感來源於別人對某種意見的堅持而引起的憤怒，另外一種則是來源於自己對意見的堅持；就如同是小偷產生了盜竊別人錢包的欲望，而主人本身就有的想保護自己的錢包的欲望一樣。一個人的意見、興趣、愛好如同錢包一樣，都是與自己密切相關的事情。

所有人都會想像出公眾的理想干涉狀態，就是對於個人的自由和選擇概不干涉，除非是為了讓他們放棄那些早已被經驗證實錯誤的事情。然而，我們幾時真的看到過公眾對於個人事務的干涉，符合這樣理想的界限呢？公眾又幾時出於真正對普遍經驗的考慮而進行干涉呢？

事實上，大多數公眾在干涉別人行為的時候心中所用來判斷的依據就是與自己想法不同的皆是罪惡而絕不是其他的什麼別的想法。這樣的依據經過草草包裝，再由大多數的道德家和雄辯家們以神諭或哲學教諭的名頭灌輸給他們。他們宣稱，事物之所以對之所以錯，那是因為我們感到它是對或者錯；他們教導我們叫用自己腦海中的那些既成法則來約束自己，並約束所有人。如此一來，可憐的公眾只有接受這樣的教誨，只要他們腦海中對於對錯的判斷達成一致，就可以用來被強加到每一個人頭上了。

我所談到的可能會帶來的危害，不僅僅是理論上的危害，更在實際上有明顯的呈現。也許有人會想讓我用舉例的方式來說明當今社會公眾是如何把自己認為的對錯，用道德的方式強加給別人的；儘管本文我並不是用來專講道德情感錯亂的，而這些例子也不是一句兩句話所能講的清楚的。但是為了讓大家更加清楚地看到這種危害在實際生活中的嚴重性，證明我並不是杞人憂天，我還是會舉些例子來做出說明，道德干涉的界限在沒有真正侵犯個人的合法自由之前，是一直廣泛存在的。

我們先來看第一個例子。我們自己可以做這樣的想像，當看到與我們有不同宗教信仰的人與自己行為的不同，對自己所信仰宗教儀式的無視，尤其是對於自己所信仰宗教的飲食習慣的違反，心中會產生怎樣的反感情緒。我們舉一個看似十分微小的例子，最讓回教徒痛恨的基督教徒所奉行的行為和信條中無疑就是吃豬肉。對於基督教徒和歐洲人來說，很少能激出他們產生如同回教徒看待吃豬肉一樣肆無忌憚的憤怒和唾棄。

當然，吃豬肉對於回教徒來說就是對宗教習慣的違反，但是如果僅憑這一個原因，是無法解釋為什麼他們的憤怒和憎惡達到這種程度，對於回教徒來說酒也是絕對被禁止的，喝酒之人也會受到回教徒們全體的指責，但是這種指責遠遠無法與吃豬肉所表現的憤怒相比。

他們認為豬是「不潔之獸」，對其的厭惡已經深入人心，沉浸心靈，成為一種本能的厭惡和反感，甚至對那些本來對潔淨並無要求的人也是如就此，如同印度多神教徒所表現出的不純宗教節操一樣。如果一個回教徒佔絕大多數的國家，因此頒佈法令禁止在本國吃豬肉，這樣的經歷在回教國家中並不鮮見，那麼，這樣的公眾意見是否具有其道德權威上的合理性呢？

若不合理，為什麼呢？在這個國家，吃豬肉對於絕大多數公眾確實是一件大逆不道的事情，他們也會發自內心的認為是上帝要禁絕此事，但是這決不能上升到宗教迫害的高度，因為從來就沒有一個宗教把吃豬肉當作自己的義務。那麼我們要譴責他只能有一個合理理由，就是個人的喜好只與自己相關，個人對喜好選擇權利公眾無權冒犯。

流居孟買（Bombay）的巴錫族（Parsee）就是這樣的一個例子。該民族是波斯拜火教後裔，因為不滿「開利發」（Caliph，穆罕穆德在政治和宗教統治者的稱呼）的統治而離開故國，最終來到西印度。印度當局給予他們居住的許可，然是必須以不得吃牛肉為條件。後來那片區域被回教徒征服，於是巴錫族又不得不接受了不吃豬肉的條件。最早因為對權威的遵守，最後演變成了民族的第二天性。至今，巴錫族依然保持著不吃牛肉和不吃豬肉的習慣。儘管這樣的雙重戒律並不是來源於宗教，但是歷史演變已經成為了其民族習俗。東方的習俗跟宗教有相同意義。

再來看一個我們身邊國家的例子：在西班牙，對於天主教的儀式有著至高無上的崇拜，任何不符合其禮儀行為的人都會被看作是不道德的、不敬神的，是對上帝的嚴重冒犯，而且此外沒有任何合法的公開崇拜。在整個南部歐洲，教士結婚被看作是一件冒犯神靈、淫蕩無恥、不成體統、粗俗野蠻和令人唾棄的事。清教徒又是如何看待這些真誠的感情並且用來反對天主教的呢？如果說人們有權對那些不損害他人之事展開干涉，那麼要依據什麼原則才能夠不讓這件事陷入自相矛盾呢？人們干涉別人行為的理由是因為別人做出了上帝或人們所不認可的事情，那麼這種干涉行為本身又會受到誰的干涉呢？

以道德原則干涉他人最嚴重的就是認為他人的行為邪惡的；在這種情況下，除非被干涉的人心甘情願的認可了這種說法，否則如果我們因為自己正確就可以干涉別人而別人錯誤就不能干涉自己，那麼同樣地邏輯也會被用到自己身上。一旦這樣的原則被用到我們身上，我們也會感到十分憤怒，那麼這樣的一條原則就不應當給予承認。

如果說上面舉出的例子，有人依然會辯解稱那些事情在我們這裡都不可能會出現。在英國，輿論還沒有約束要禁止吃肉的地步，也不會對於不同的信仰展開無理的干涉，更不會在結婚之類的事情上比手畫腳。

那麼下面我再舉一個關於自由被干涉的例子，以此來說明我們並沒有完全脫離這種威脅。不管什麼時候什麼地方，無論是在新英格蘭還是共和時期的大不列顛，當清教徒的勢力足夠強大的時候，他們都會竭力勸阻和取締所有的公共以及私人娛樂活動，比如音樂、舞蹈、歌劇等凡是以消遣為目的的所有活動，而這樣的行為在某些時候也獲得了成功。即使是在現在的英國，也依然存在不少這樣的團體，按照他們所尊崇的道德觀念和信仰的宗教信條對這些娛樂活動強烈譴責。

在當前佔據相對強大勢力的中產階級中有大批具有這種思想的清教徒，一旦有一天他們成為了能夠控制國家的大多數，對於娛樂活動的取締並非毫無可能。然後我們可以想到的是，這些人之外的公眾又怎麼會甘心讓這些加爾文主義者和監理會教徒出於對他們所信仰的宗教理念來取締自己的娛樂活動呢？於是他們就會用更加堅定的態度為這些因為宗教信仰而冒犯公眾的人們指出他們應盡而未盡到的責任。

事實上，無論是誰，不管是個人或是政府，只要對於他人的快樂有如此干涉，都會受到這樣的責難。然而一旦接受了這樣的干涉，或許我們就再也找不到理由來阻止他對社會其他人和團體的影響。如果有一天新英格蘭的原始部族們所信奉的宗教如同很多曾經衰弱後來又重新崛起的宗教一樣死灰復燃，收復失地，那我們也只能做好接受一個在他們理解下的基督教的國家。

我們再來看一個例子，或許這個例子比上面談到更有可能成為現實。當今世界存在一種明顯的趨勢，不管是否有民主的制度，都在積極呼籲民主，建立民主社團。

有人說，這種趨勢源於那個無論是國家還是社會都被稱為最民主的國家——美國。然而在那裡有一種普遍存在的情緒，對於那些自己望塵莫及的消費習慣，很多人會極為厭惡，這樣的一種情緒，對公眾的約束力竟然如同一條關於支出費用的法律一般，以至於在美國有些有錢人最焦慮的事情就是如何不受公眾譴責的消費掉自己的財富。儘管這個說法看起來略微誇張，但是就公眾情緒對於個人消費方式的影響程度來看，我們所說的狀況或許不僅僅是臆想中的或未來可能出現的，也許立刻就會出現。

我們還可以再做這樣的思考，如果共產主義的思想深入人心，那些擁有巨大財富尤其是不是靠自己雙手勞動而擁有財富的人，會受到大多數人的鄙視而名譽掃地。事實上某些與其相似的觀念在工人階級中已經廣為流傳，並且對於那個階級有很大的影響力。

在工業部門中，佔據大多數的平庸的工人堅決認為所有工人不管採取何種薪資制度和方式都應當獲得相同的收入，對於那些有較高技術水準或付出更多辛勤勞動的工人也不允許他們獲得更多的收入。他們用道德譴責或物質譴責的方式，去干涉那些技術出眾的工人以及工廠主，禁止他們獲得與服務相等值的酬勞。如果說公眾對於個人事務有干涉權利的話，那麼這些人的行

為似乎也很合理；那麼對於某一個人對於公眾行為做出如同公眾意見對於個人行為一樣的干涉似乎也沒有責備的理由。

讓我們再展開進一步討論、我們不去探討那些假定的事情，我們可以來看一看，就在我們身邊正在發生著的對於個人活動自由正在做出的侵害，以及正面臨的很有可能會成為現實的更大的侵害；甚至還有人提出了這樣的言論，對於那些被認定為錯誤的任何事情，公眾有權用法律的形式來阻止，並且為了能夠更有效的阻止這種錯誤，寧枉勿縱。

曾經有過這樣一道法律，出於防止醉酒鬧事的目的，一個英屬殖民地和差不多大半個美國頒布了禁酒法令，除醫學目的以外，禁止使用和出售一切經發酵過的飲料和酒類。儘管這條法令最終被廢除，甚至包括那個以該法令命名的省份。但是至今仍有人在做著堅持不懈的努力，並且受到了一些慈善家熱情的推動，意圖在我國也能出台同樣的法律。

持此主張的團體，他們稱之為「聯盟」，因為公開了一封相關書信而更被世人所知——這封書信是聯盟的領導人與一些持此主張的政治家的通信。

史丹雷（Lord Standley）勳爵就是參加這次通信的人之一。

由於人們對這些政治人物在公開場合表現出來的品性深深瞭解，所以這樣信件的公開對於那些將希望寄託在這樣罕見的政治人物身上的人無疑是極大的鼓舞。該聯盟認為：「所有為執迷和迫害做辯解的原則都會因為曲解而可悲」，在他們看來，他們所持的原則與那種原則有著天壤之別。

他說：「在我看來，以思想、意見、道德有關的所有問題，都不應當放在立法範圍之內；而社會行為、社會習慣、社會關係有關的行為，則必須服從於國家和社會的選擇，都應當屬於立法範圍。」然而在他的言論中卻沒有談到與上述兩種都不同的，第三種情況，也就是，不屬於社會行為的個人習慣，我們前面提到的禁止飲酒，就屬於這一類。

就出售酒類來說，是一種貿易活動，確實屬於社會行為；但是我們對譴責不是因為其侵害了銷售者的自由，而是侵害了消費者的自由，因為國家的行為讓他們沒有地方可以獲得酒。然而，這位先生這樣說：「任何一個人以任何社會行為侵害了我的權利，作為社會中的一員，我有權利主張用法律的

形式對他進行限制」。

那我們且先來看一看他所說的社會權利是什麼？「說到對我社會權利的侵害，銷售酒類就是這樣的一件事。一方面因為銷售酒類，所以危害了我的安全，侵害了我的安全保障權利，因為有些社會混亂和事故就是因為酒而產生的；另一方面，製造和銷售酒類獲得了利益，但卻製造了貧困，這種貧困必然導致我用納稅的方式來對其補償，由此侵害了我平等的權利；另外因為酒類的存在，讓我的四周充斥著危險，讓社會的道德變得敗壞，作為社會的一員，我有權要求社會變得更好，所以他侵犯了我的道德和智力的發展權利。」

我們來看一看，就是這樣的一種「社會權利」理論——其文字表達上遠遠比以前的所有相似理論更為清楚——其所闡述的所有觀點無非就是，每個人都可以要求他人按照自己同樣的方式來生活，這是人的社會權利；不管是誰在任何微小的細節上與此有差別，都是對我的社會權利的侵害，因此我有權要求國家和社會立法來阻止這種侵害。

這個理論的荒誕程度實在比任何一件干涉別人自由的事更加惡劣；在這條理論的掩護下，所有對自由的破壞行為都可以被視為是正當合理的，對於人該享有的自由完全無視，或許只有那種暗藏心底的意見可以倖免。因為任何行為只要我認為有害，就危害了這種理論賦予人的社會權利，它要求社會中的每一個人之間都有一種極為緊密的聯繫，每一個人都有權對他人提出要求，而每個人對他人道德、智力甚至身體上的要求，都是以自己的標準來判斷的。

對於個人自由的非法干涉，還有一個顯著的例子就是關於安息日制度的立法。這已經不僅僅是一種正在形成威脅的干涉，而是已經被運用於現實。在猶太教的教義中規定每個人在一週中都有權利獲得一天完整的休息，這當然是一條很好的信條和習俗。然而，由於這樣一條習俗如果不能在工人階級中取得普遍的認可就無法實施，因為總有些人因為自己必須工作而強迫他人也必須工作，於是法律為了保護他人享有這個習俗的正當權利，便在一週中指定了一天作為停工日，這個行為當然是正確的。

但是，這條法律的出發點是保證每個人的休息的權利，所以對於那些可以充分調配時間的自由職業者來說就不盡恰當了。如果說要將娛樂活動用法律限制起來，那在任何程度上也是不合理的。當然有一些人一天的娛樂就不得不讓另一些人付出一天的勞動；但是對於大多數人來說，他們享受的快樂——這種快樂也是至關重要的休養生息——也只需要極小部分人的勞動，而且這樣的勞動還是有放棄的自由。

對於工廠來說，無論是工作六天還是七天，都是一週的工資，這是沒有問題的；那麼在這種情況下，那些在大多數人停止工作的情況下，為了提供給他人快樂而不得不工作的人得到的報酬可以有一定比例的增加；並且他們也享有放棄這種補貼的機會而選擇休息，因為這種勞動不是他們的義務要求他們必須從事工作。如果是這樣的話，要想再找任何理由為星期日限制娛樂做辯解的話，恐怕只能從宗教方向來尋找；然而這樣的動機，正是應當被極力反對的。

就如同本意是關心上帝，結果反讓上帝受到傷害。對於那些要懲罰和譴責對上帝有所傷害的行為，在現在還是一個有待討論的話題。所有宗教迫害的根源就是每個人都有讓他人信仰自己所信仰得宗教的義務。

當前有些人力主在週日停運火車，在周日關閉博物館，還有很多類似的行為。這些行為，儘管不像宗教迫害那樣殘忍，但其內在的心理因素都是相同的。就是對於我所信仰的宗教不許可的事，也絕不容忍別人去做。這也是因為人們相信上帝會對那些選擇錯誤信仰的人做出懲罰，而如果我們沒有說明他避免選擇錯誤也同樣會受到懲罰。

上文中我們談到了很多對於個人自由的侵害和輕視的例子，接下來我將講述一個更加直接的迫害的例子。每當我國的報刊雜誌上有相關摩門教主義的報導時就會引起很大的關注，其事實雖有些出人意料但卻也讓人受益匪淺。摩門教是一個建立在直白的上帝新啟示的基礎上的宗教，其教義本身帶有很大的欺騙性，甚至該宗教的創始人也沒有十分良好的素質形成最大的威望，然而在當今這個資訊發達的時代依然得到了眾多的信徒。

摩門教有很多值得關注的事情，這裡我想說的是，如同很多優於摩門教

的宗教一樣，他們也有很多殉道者，宗教的創始人也是因為對教義的維護而被處死，很多門徒也由於遭到暴力對待而失去生命。最終他們整體受到了驅逐，離開了祖國，被迫來到沙漠深處的不毛之地居住在洞穴之中。

然而一直到現在，依然有人建議派出遠征軍去消滅他們，用武力改變他們的信仰使之與我們一致。因為摩門教對於一夫多妻制的贊同，使得人們衝破了通常道德下的宗教寬容，對其抱有深深的憎惡和強烈的反感。儘管這種制度，在中國、在印度、在回教徒也被廣泛接受。但是在英語系國家和信仰基督教的國家，依然對摩門教激起了深惡痛絕的憎恨。

其實說到摩門教，大概不會有人比我更加憤慨了，就算拋開所有緣故，摩門教對於自由原則是徹底的破壞。他們將禁錮在一半人身上的枷鎖不斷加固，而將另一半人應當承受的義務全部加給前一半人。但是我深深明白的是，就像任何婚姻制度一樣，那些承受苦難的女人們對於這樣的制度是自願接受的，儘管這看起來讓人有些無法理解；因為在摩門教的道德和習俗約定中，結婚是女人最無法缺少的事情，所以那些女人們為了避免沒有婚姻，而寧願做多妻中的一個。

當然，我們也不能要求其他國家對於這樣的婚姻制度予以承認，或者要求摩門教能夠對其教徒所承擔的義務予以部分解除。

然而，面對強烈的敵對情緒，摩門教對於那些非合理要求做出了遠遠超乎想像的讓步，他們被迫離開了不能容忍其宗教信仰的故土，在數千里之外重新開闢生存場所並且繼續生活下去。只要他們不侵擾其他國家，只要他們不限制那些不接受他們主張的人離開那裡，除了暴虐原則我實在想不到還有任何理由可以合理地阻止他們在自己所樂於信仰的宗教道德下生活。

最近有一個十分著名的作家，建議成立「文明軍」去消滅他們，如同當年十字軍東征，讓這個倒退的文明走向滅亡。儘管在我看來那的確是倒退的文明，但是我並不支持，有任何一個團體有權力去要求他們文明化。任何壞法律，只要其受難者出於自願而未向外界發出求救，與其完全無關的人就沒有絲毫正當的理由去做出干涉行為，我們遠隔千里，與他們毫無干涉，發出的誹謗也不可能結束他們正常的生活。當然如果願意的話，或許可以，讓傳教士們去嘗試說服和影響他們；我們也可以採用所有正當公平的方法阻止那種教義在本國人民中的壯大，當然，讓其不能說話並非公平正當的方法。

在野蠻稱霸世界的時候，文明尚且能夠戰而勝之，在當今野蠻早已被文明征服的時代，我們反而會害怕野蠻會死灰復燃征服文明，這完全是杞人憂天。如果一種文明能夠輕而易舉地被曾經打敗的對手所征服，那只能說是這種文明本身的腐敗墮落所致，導致不管是他的教徒還是宣講者甚至所有人都害怕也不願為其真理而奮鬥。如果真是這樣的話，這種文明也該走向死亡的終點，甚至越早越好。任其前行只會越來越壞，直到被精力充沛的野蠻人破壞殆盡才能迎來重生（如同當年西方帝國一樣）。

第五章　本文教義的應用

首先我們要將前文中所討論的各個原則作為接下來闡述的基礎，然後才能將這些原則，用在政府和道德相關的所有部門，並期待它產生有效的作用。對於一些細節問題所做的闡述，更多的只是用來對上述原則做出說明，而並不會尋求得出新的結論。我要給出的是如何運用這些原則，而不是運用這些原則的事例。這樣對於本書最終形成的兩條教義來說，一方面可以使它的意義和界限更加清晰，另一方面也能夠幫助人們在對兩條教育無從判斷時尋找其中的平衡。

第五章　本文教義的應用

首先我們要將前文中所討論的各個原則作為接下來闡述的基礎，然後才能將這些原則，用在政府和道德相關的所有部門，並期待它產生有效的作用。對於一些細節問題所做的闡述，更多的只是用來對上述原則做出說明，而並不會尋求得出新的結論。我要給出的是如何運用這些原則，而不是運用這些原則的事例。這樣對於本書最終形成的兩條教義來說，一方面可以使它的意義和界限更加清晰，另一方面也能夠幫助人們在對兩條教育無從判斷時尋找其中的平衡。

我要陳述的兩條教義是：

第一、任何人的個人行為只要不傷害他人的權利和利益，就沒有對社會負責的義務。

他人若出於自己的目的想要加以干涉，只能用忠告、規勸、指教和敬而遠之等方式，這也是社會對其行為表示不悅或反對時僅能採取的合理手段；

第二、任何人的個人行為影響了他人的權利和利益，則個人必須對社會負責，並且在社會認為有必要對其採取某種懲罰來保護自己的情況下接受社會或法律的懲罰。

首先，我們要特別指出，是他人的權利或利益受到傷害，並不能一定夠成為干涉個人行為的合理理由，不能夠僅此一點就做出判斷。在很多情況下，個人為了某一合法的目標，也會必不可少的合法的帶給他人某些損失和傷害或者損害其他某人希望得到的某些利益。這種人在行為所帶來的對他人合法的傷害，很多情況下發生在壞的社會制度下，只要這種制度沒有得到改進，這樣的情況就不會有效改善；即使是在好的社會制度下，這樣的傷害也不能完全避免，比如說，在一些勾心鬥角的職業中或者在競選比賽中，獲得最終勝利的那個人因為實現了對他人的超越而達到了自己的目標，這就不可避免的為他人帶來的損失，或許某些人因此而白費努力陷入失望。

但是大家通常都認為，基於對人類整體利益的考慮，對於追求某項個人目標的行為順其自然遠比加以干涉的好。也就是說，對於那些在競爭中沒有取得成功的人，社會並不會從法律或道德上認為他們應當獲得這種痛苦相應的補償；只要競爭者沒有採取欺詐、背信、違規以及強力措施，社會沒有實施干涉的義務。

其次，貿易應當被認為是一種社會行為。任何一個人只要向社會出售某種物品，他所做之事必然與他人和社會的利益有直接影響，所以這樣的行為理論上也應當屬於社會約束的範疇。

因此，人們一度認為，對於那些重要的物品，政府有義務限定其銷售價格以及製造過程。然而經過了長期的鬥爭大家逐漸明白，給予生產者銷售者和消費者完全的自由，讓消費者可以有隨意選購的權力，從而對生產者和銷售者有所制約，才能真正實現物美價廉。這也是自由貿易的理論。

儘管自由貿易理論與我們本文所討論的個人自由理論有著不同的建立依據，並且這樣的依據同樣都足夠堅實。無論是限制貿易還是限制以貿易為目的的生產，都是一種禁錮，這種禁錮也必然導致罪惡；事實上，這個約束本身確實針對的是社會行為，如果一定說它是錯誤的，只是因為這個約束並沒有產生人們期待的效果。個人自由的原則與貿易自由的原則沒有直接關係，所以也不需要受到如同貿易自由所受的那些限制。

比如要想禁止貿易過程中摻假等欺詐行為，就應當讓公眾介入進行一定的控制；再比如對於工廠中衛生和安全的防護問題必須給予一定的強制使其達到某種程度。在其他條件大致相同的狀況下，如果這些問題中涉及了個人自由，那麼給予其自由決斷遠比實施干涉要好。若是為了社會利益而對個人自由有所侵害，這在法律上也認為是合法的。

此外，有一些對貿易活動的干涉其本質還是對自由的干涉，向我們在之前提到過的梅恩省禁酒法，禁止在中國展開鴉片貿易、禁止售賣毒藥等等，那種讓消費者無從或難以得到某種物品而展開的干涉就是此類。在干涉這類活動的過程中，我們真正關注的是其對購買自由的侵犯，而不是因為對生產者或銷售者的侵犯。

在上面提到的幾個事例中，對於毒藥售賣的限制又會導致一個新的問題，就是警察的職能究竟應該在什麼界限之下，換句話說，為了預防犯罪和打擊犯罪可以對自由合法侵害的程度。毫無疑問，政府的一項重要的合理職能，就是在犯罪發生之前予以預防，在犯罪發生之後予以偵查和懲罰。

然而，相比較懲罰性職能來說，預防性職能則常常會被濫用最終達到傷害自由的程度，因為人的行動的合法自由，常常不公平的被認為是帶來傷害的便利條件。然而，公共權威或個人如果注意到有人正在預謀犯罪，他們能做的也遠遠不只是坐等犯罪達成然後施以懲罰，還可以用干涉的方式來防止罪行。如果毒藥僅僅能夠被用在犯罪一途，那麼對其的製造和銷售實施禁止當然是合理合法的；然而，毒藥並不總是被用在犯罪，甚至有時候還能夠用在有益的用途，只要對其限制成立，就無法實現其可以用在這方面而不能用在其他方面。

此外，防止犯罪也是公共權威理所應當盡到的責任。如果一個人看到另外一個人即將要踏上一座確定十分危險的橋樑，而又來不及勸阻和警告，他可以直接將那個人抓回來，這不算侵犯了他人的自由。因為自由是透過一個人想做的事情來展現的，這個人絕對不會想要從橋上墜落到河裡。

有的時候，某種危險還沒有完全確定只是存在一種可能性，如果有人出於他自己的某種動機決定一試，而這種動機除他本人之外別人無法準確的做出判斷，此時人們對他（他是一個具有正常合理思維的人，而不是一個孩子，或者一個精神混亂之徒，也不是在某種強烈的情緒控制下不適宜思考）的合理干涉只能夠透過勸阻和警告來實現，而不應該強制他不去嘗試。同樣地考慮也可以運用到毒藥的售賣上，我們也可以嘗試以用一些方法來限制但又不損害人的自由權力。

比如，我們可以為毒藥加上醒目的標誌以彰顯其危險性，這樣的方法既可以有一定的限制作用也不會有損自由原則，這樣購買毒藥的人就能夠很清楚的意識到他所買之物的毒性。如果不分任何狀況，都需要執業醫師開具處方才可以購買此類藥品，那麼必然會使那些有正道用途的人增加花費，甚至還根本無從買到。

在我看來，如果既想佈滿重重障礙來阻止毒藥被用在犯罪用途，又想讓那些需要毒藥用在合法正當用途的人擁有自由的權利，或許只有採納邊沁（Bentham）「預設證據」的方法。這種方式在訂立契約的過程中常常被看到。當雙方想達成合法的契約關係，法律會要求在契約達訂立之前達成一些合法而正當的條件，必須完成某些形式或手續，比如，需要當事人的簽名或蓋章，需要見證人的證詞等這樣的一些事；其目的就是一旦契約訂定之後發生爭議，有足夠的證據表明這種契約關係的形成，並且構成了法律上的效益；其作用也展現在為假契約的訂立增加了很多障礙，也防止契約人做一些不為人知的但對契約有破壞性的行為。

如同這樣的一些預防措施，對於那些可能會被用於犯罪的物品的出售上也同樣適用。比如說，要買這些物品的人必須要求登記其相關資訊，包括其購買的物品及數量，購買時間，買主姓名和住址，還可以要求買者必須申明其購買的用途，並且做好嚴格的記錄。購買那些毒藥時，如果沒有醫師處方，可以要求第三者來證明確系某人所買，以便一旦此物被用於犯罪能夠易於追查和指正。這樣的一些規定和方式，對於正常購買此物的行為沒有增加太多實質意義的困難，但是給想要用於不當目的又想逃離追查的購買者設置了很大的障礙。

對於這樣的一些行為，社會有權利以預防的方式對其加以干涉，這也為我的第一條教義，設置了明顯界限，換句話說，社會可以透過預防或懲罰的方式對那些只與自身相關的錯誤行為加以干涉，這是正當而合法的。比如對於醉酒，通常情況下並不是社會干涉的恰當目標；但是如果一個人因為醉酒而對他人做出過暴力行為而獲罪，此時法律就會為他設置特殊的限制，使他意識到一旦再因醉酒而獲罪，只會受到更重的懲罰；我認為這樣的方式也是正當合法的；一個總是醉酒之後對他人有傷害的人，讓自己喝醉就是對他人的犯罪。

再比如懶惰，一個人僅僅只是懶惰，如果對他加以法律的懲罰，則顯得有失公道，當然對於那些領著公共津貼而未履行職責的人除外；然而，如果一個人因為懶惰或其他非正當原因而導致自己不去履行對他人的義務，諸如不承擔贍養父母，撫養子女的責任，這種情況下，法律強迫其履行職責，甚至在必要的情況下可以強制勞動，這都是正當合法的。

此外，對於那些只會讓其自身受到損失的行為，法律不應當加以干涉；

但如果，這種行為一旦公開做出會對社會風氣有所破壞，這也應該被看作是損害他人的行為，社會給予約束和制止也是正當的，我們常常說的有失體統的事，大多屬於這類。對於這一點，與我們的論題本無太密切的關係，我們也沒有必要深入探討，因為確實存在很多這樣本無可指責德行為，但其與公開性是完全相關的，一旦公開做出便是需要給予約束和制止的。

還有一個問題，我們也需要找出符合我們既定原則的答案。某些私人行為，本身確實存在一些錯誤性，但是由此導致的後果只與個人自身相關，基於對自由的尊重，他人或社會不應當給予干涉。那麼對於這種行為，個人有自由選擇去做那麼他是否也同樣擁有促使、教唆他人去做的自由？這個問題確實有些難以解答。

一個人對於另外一個人督促，教唆，嚴格意義上來說，不能認定是個人行為，更應當被當作是社會行為，所以如同其他影響到他人的行為一樣，應當屬於社會控制的範疇。但是如果我們再深入思考，似乎又會對上述結論產生疑問，因為儘管這樣的行為不完全屬於個人自由的範圍，但是用於個人自由的那些原則，卻似乎對其依然適用。如果說，我們要給予自由讓他決定那些只關乎他自身由並且他自身完全承擔風險的行為，那麼我們也同樣應當給予自由讓他們可以去和別人相互討論、相互商量、交換看法、相互提出彼此各自認為的建議。

一件允許個人去做的事，也必然允許個人勸說別人去做。在這個問題中，還存在另一個疑問，如果，教唆者教唆他人去做某事，而自己從中獲利，教唆這件事成為了他獲取利益的職業，而他教唆他人去做的事又是被社會和國家不認可的事，這樣似乎把這個問題引入了更複雜的境地。

換句話說，有一些人，其個人利益與社會的公共安寧相對立，他們從破壞公共安寧的事情中獲利。那麼對於這樣的行為，是應當干涉，還是應當放任呢？比如說，通姦、賭博都是這樣可以給予自由，給予容忍去做的錯事，但是如果一個人開妓院，開賭場，也應當給予其相應的自由嗎？這個問題似乎恰恰站在了，兩條教義的中間點，因此也出現了兩種相反的說法，雙方各執一詞，似乎都依據充分。

那些主張給予自由給予寬容的人認為，一個可以被允許去做的行為，似乎不應該因為變成了一個人用來謀生和獲取利益的職業，就把這個行為變成了罪惡；在他們看來，一個行為要麼就給予永恆的認可，要麼就給你永恆的禁止；他們認為，如果我們一直在討論原則是正確的，那麼對於一件只與自身相關的事情，社會是無權判斷對錯的，這件事社會能做的最多也只是勸阻而已，那麼既然有勸阻他不做的自由，自然也就有勸阻他做出這樣行為的自由。

而與之對立一方，則認為，儘管對於一件只與自身相關的事情，公眾和社會，無權判斷其對錯，但是公眾和社會有權讓一件在他們看來是錯誤的事情變成一個可以討論的話題，以期在公眾的爭論中明晰善惡。如果這一點得到承認，他們進一步說，所以國家與社會對那些從中獲利的教唆，並非公正無私的教唆——那些教唆者為了獲取自身利益，從而教唆他人去做那些公眾和國家確信是錯誤的事——予以控制，完全是正當合法的。他們宣稱無論對於那些聰明的人或是愚蠢的人都應當讓事情處在由自己完全控制的範圍內，而盡可能的遠離那些基於個人企圖而將他們引向邪路的人的誘惑，只有這樣才不會因此而受到損失，不會讓正當利益受到傷害。

所以他們認為，對於那些非法遊戲的禁止不需要有任何的爭論。每個人都有在家裡賭博的自由，也可以在那些由他們捐資設立只對特定會員或訪客開放的場所賭博，但是在公開場合賭博，就是不被允許的。他們還說，確實這個禁令永遠也不會產生絕對的效果，不管給予警察多大的權力，也不可能讓賭場完全消失，而是會隱藏或偽裝起來，但依然存在；但是，這樣至少可以讓他們的活動變得具有隱秘性，除了專門尋找其所在的人，不會讓其他人受到誘惑，更深一層次說，也不應當受到社會的關注。

在我看來，這樣的論述是極為有利的。但是這也就需要面對另外一個事實，我們對於輔助犯罪者給予懲罰，而主犯卻逍遙法外；妓院老闆、賭場老闆被監禁或罰款，而嫖客和賭客是不會受到任何懲罰；我不敢肯定這些論據能夠也一併解決掉這些道德上的反常行為。

但是如果要用類似的原則，對普通買賣展開干涉，那就一定不是合理合法的了。儘管在商業中每一件商品的賣出，都需要一定的誇大，而銷售者也正是從一定的誇大中來獲得利潤；但沒有人認同，能夠以此作為依據來干涉他們的行為，比如說不能用這樣的解釋來為梅恩省禁酒法做辯護；因為雖然酒類銷售者依靠對其商品的誇大來獲得牟利，但是這種誇大對於商業來說是不可或缺的。

然而，這種誇大對於酗酒無疑是一個縱容因素，也因此國家和社會有合理的理由加以干涉從而獲得某些保證；但是我們要清楚的是，這種干涉，只能夠因為那個正當的理由才不算對自由的非法侵害。

此外在深層次會出現另外一個問題，對於那些違反當事人自身利益的事情，能否在保護其自由的同時，予以間接干涉。我們仍然以酗酒為例來加以說明，國家是否可以運用某些方式來提高酒類的費用，或者用減少銷售酒類商店的數量進而增加買酒的困難？對於這樣一個想法，和很多實際存在的問題一樣，我們是要視不同的情況分別討論。

如果說純粹只是基於加大買酒的難度而增加費用，這與完全禁酒似乎只是程度上的差異，那麼只有禁酒的合理性得到充分論證前者也才有充足的理由。任何一件物品的消費費用增加，對於財力不足以面對增加的費用的人來說，事實上就是一種禁止的行為；對於那些財力足夠的人來說，增加的費用，更像是為了滿足自己的某種愛好而被罰款。

按照自由原則，一個人只要履行了國家和社會的義務，他有完全的自由選擇什麼是快樂，決定如何消費，這些完全都是與他自己相關的事，應當完全由其自己來判斷。然而這麼一說，似乎是在責難國家為了增加國民收入而對酒飲料展開特別徵稅的措施。我們必須要清楚的是，國家以財政為目的的徵稅，是合情合理的。當今世界大多數的國家，絕大多數稅收都來源於間接稅，所以國家針對某些特定商品展開特別徵稅，一定程度上對於某些人也是一種禁止。

所以，國家在決定徵稅時，有義務首先來思考哪些商品是公眾的不可或缺之物，對於那些使用過量就會帶來危害的商品更應當作為徵收的對象。根據這樣的論述，酒類商品的徵稅足以構成我們國民收入的最大部分（假設這

筆收入是國家需要的），這不僅應當得到許可，而且是一項值得讚揚的很好的措施。

然而說到給這些商品的銷售賦予排他性的特質，我們要根據這種限制行為能否有力地達成目的來做不同的論述。通常來說，人口聚集之地通常更需要警察存在，而銷售酒類的人口聚集之地更是特別需要有警察來控制，因為在這些地方總是很容易發生尋釁滋事等擾亂社會的行為。可以將此類商品的銷售權，特別是在當場消費的一類，交給那些有較好聲譽，其行為可以得到保證的人；也可以透過對營業時間的管控，使他們更好地處於監控之下；對於那些因為店主的縱容，或無力制止而總是出現治安混亂的經營者，或者將其場所用於製造犯罪或密謀犯罪的經營者，可取消其經營權，這些方法無疑都是合理恰當的。

然而，除此之外，其他的限制方式似乎就有失恰當了。比如，如果出於讓人們更難買到酒或降低該類場所誘惑力的目的，從而限制酒類商店的數量，這就相當於因為一些人濫用了便利，而讓所有人都失去便利的做法。並且，這種方式只在一種社會狀態下合適，就是把整個勞動階層的人全部當作小孩或者或未開化人，用控制約束他們的方法來教育他們並承諾在未來給他們自由的特權。

這在任何一個崇尚自由的國家，都不是對勞動階層合理的管理方式。而且，那些對自由有所追求的人，沒有人會願意接受這樣的方式，除非經過努力對他們教育管理之後，證明他們確實只能被作為小孩來管理，但是在做出這樣結論之前，必須給予他們足夠的自由教育，並且賦予他們充分的自由權利。將這兩種相互對立的狀況陳述清楚就可以看出，儘管我們在任何事情上都竭力宣導自由，但如果在此處來考慮就顯得有些荒誕了。

現在我們的國家，也有很多自相矛盾的制度，一方面，我們的日常生活夾雜了許多專制政府的遺毒；另一方面，制度中的自由又與我們用約束的手段來展開真正有效的教育相互矛盾。

我們在前文中已經提出過，那些只與個人自身有關的個人自由，其中也包含了一個群體對於只與他們有關而不影響其他人的事情透過他們相互之間

達成的協議來執行的自由。這樣的狀況下，只要這個群體中的人保持不變的想法，就不會遇到什麼障礙。

然而，人的意志是會隨時發生改變的，所以對於這樣的只與他們自己有關的事情，群體內部也有必要簽訂一個契約保障相關權益，在一般規律下，按照契約執行即可。

然而，不同國家的法律有各不相同的規定，一般規律可能也會出現例外的狀況，對於那些有違法行為的協力廠商約定，法律並不予以承認，甚至某些有可能傷害定約者自身的協力廠商約定，法律也有時候也會將其視為解除條約的合理理由，比如，在包括我國在內的所有文明開化的國家，賣身為奴的契約都不會得到法律的認可，也不會得到輿論上的承認，無論是作為出賣自身的一方，還是買進奴隸的一方都是不被允許的。

對一個人用這種方式自由處理其一生命運的權利加以限制是有著充分的依據的，而且其依據在這樣一個極端的實例中可以被看的更加清楚。之所以對於與他人無關的事情不加干涉，正是基於對他的自由的保障，通常來說，他自己做出的選擇是在他看來對自己最有好處的選擇，至少也是他最能夠忍受的最不壞的選擇；所以能提供給他的最大幫助就是保障其自由選擇的權利，用他自己選擇的方式來追求其目標。

然而，賣身為奴這件事情本身就意味著放棄了其自由，如果享有了這件事情的自由就意味著一生將失去自由。所以，他賣身為奴的行為完全破壞了要保護其自由的初衷。一旦事實達成，他將再也沒有自由之身，而且從此之後，他就出於一種自願留在一個不會處於任何有利地位的環境。自由原則不可能給予一個人放棄自由的自由，一個人如果擁有放棄自由的自由，那也不是真正的自由。

這樣的理由，在這件事情上表現的如此顯著和有利，也可以廣泛應用於其他很多方面；事實上，儘管我們十分推崇自由，但是在實際生活中還是會感到受很多限制，因為生活中存在著這樣那樣的必要性，儘管不是要我們放棄自由，但是必須在某些地方讓完全的自由受到一定的限制。

然而，根據只與自身利益相關的行為應到受到自由的保障這條原則，在

不傷害協力廠商利益的情況下，定約雙方應當享有解除合約的權利；甚至我們可以這樣說，如果沒有能夠自願解除的權利，那恐怕契約本身也就不存在了；當然，與金錢和財富相關的定約，真的是沒有任何接觸合約的自由的。

罕波爾特在我們前文中提到的那篇論文中對他的理念做出的詳細闡述，對於那些與私人關係和服務有關的約定，法律對其的約束應當被限定在一定時間範圍內；他還認為婚姻是這類契約中最為重要的，其顯著特點就是只要雙方情感失去和諧那麼結婚的最初目的就不存在，所以雙方都有要求解除契約的自由。這個論題十分重要，也不能輕易的闡述清楚，我只能盡我所能的做出討論使問題得到必要的說明。

在我看來，罕波爾特的這片論文因為其具有的簡潔性導致他只說出了最後的結論，而沒有對其前提做出充分的討論，否則，他一定會發現這個問題不是如同他論文中那樣只用簡單的依據就可以闡述清楚的。一個人，不管是用語言還是用行動，鼓舞和引導了另一個人對他繼續行為報以信任，在心中給予他某種期望，並且或多或少的將未來的自己與這個假定綁在一起，那麼他就負有一些對那個人的新的義務，這種義務是不能忽略的道德義務，但是可以放棄。

此外，如果因為締約對他人有某些影響，或者將協力廠商放在了特殊位置上，甚至在結婚這種定約關係還會因此而產生新的協力廠商，那麼締約雙方必然產生了對協力廠商應盡的某種義務，這種義務，或者說這種義務的承擔方式，會因為雙方的約定解除或繼續而產生很大的不同。

當然，這並不是說無論締約雙方發生了任何事情，即使是犧牲所有幸福也必須履行對協力廠商的義務，這也不是我認同的。但這一定是這個問題中需要重點關注和考慮的；就算像罕波爾特所說，任何時候雙方享有解除定約的自由，那麼在我看來，即使對協力廠商的義務不會影響法律上解除契約的自由，但是必然對於雙方的道德自由有很大影響。

一個人在做出一個對他人利益和權利有很大影響的行動之前，有責任將所有狀況納入考慮範疇；假如他沒有足夠重視那些利益，那麼必然因為所犯錯誤而負有道德責任。我這裡的討論雖然略顯淺薄，但也是為了要更好的闡

明我所談得自由一般原則，而不是要去爭辯在婚姻這一問題上，什麼更加有必要。事實上，在婚姻問題中，人們往往更加看重孩子的利益，而忽視了大人的利益。

我在前文中也有所提及，因為自由一般原則沒有真正有效地被確立起來，所以自由常常被用錯了地方，需要自由之處缺乏自由，在不允許自由之處又提供了充分的自由。

在近代歐洲，有一件事情在我看來自由完全被用錯了地方，然而公眾確認為充滿了自由的理想。我們在說，一個人對於自己的事情應當充分尊重自己的想法來展開行動，但是不應當借著他人之事也是自己之事的理由以自由的原則根據自己的想法來代替他人展開行動。

對於國家來說，一方面，對於那些只與個人相關的事情，應當充分尊重其自由；另一方面，對於個人可以運用於他人的權利要有一定的控制能力。然而，對於家庭關係這個事關人類幸福最重要的課題，國家對其應盡的義務卻幾乎完全看不見。丈夫擁有對妻子絕對專制的權力，這是不合理的。如果要想完全改變這樣的局面，最好的辦法就是讓妻子也享有同等的權利並且受到法律的保護；同時為這種不公平現象做出辯護的人他們都是站在權利的立場上，而不是自由的立場上來說話。

我重點要談到的自由用錯地方是子女的問題，這也是國家履行其義務的一個真正的障礙。通常在人們的意識裡，認定子女就是父母完全的附庸，似乎只是作為父母身體的一部分，一旦法律干涉到父母對於子女的絕對控制，他們表現出的不安和反抗甚至比自己的自由被干涉還要強烈。

說到底人類對於權利的重視遠遠超過對於自由的重視。就教育來說，國家強制性要求公民接受一定程度的教育，這幾乎成為顯而易見的真理。可是幾乎沒人否認，自己會從心裡抗拒這條真理。為人父母，既然將一條生命帶到這個世間，就應當讓他享有教育的機會，使其一生一世具有對自己和對他人履行義務的能力，這也是父母（就當下習俗來說，其實只是父親）最神聖的責任之一。

然而，儘管大家對於父親承擔這樣的義務表示一致的認同，可是一想到

自己要被強迫去履行這樣的義務就會難以接受。事實上，要讓孩子享有教育並沒有要求父母要做出多大的努力或犧牲，免費的教育就擺在眼前。很多人並沒有意識到一個問題，只是生育了孩子的身體而沒有培育其心靈使其達到預想的目標，這無論是對那個不幸的孩子，還是對整個社會無疑都可以稱之為道德犯罪；很少有人意識到，如果父母未能有效履行這項義務，國家有監督和強制的權力，使得父母擔負起其責任。

我們的教育應該教些什麼？我們的教育應該採用什麼樣的方式？這些論題常常在黨派爭鳴中出現，這樣無意義爭吵，反而消費了可以用在教育上的時間和精力；其實只要人們普遍認可了強制義務教育，所有的問題都迎刃而解。政府只需要做到有效督促每個孩子能接受良好教育，至於如何籌辦教育則不必太過關注。父母按照自己的喜好，決定孩子接受怎樣的教育，這是父母的自由，國家只需要保證孩童們能夠接受教育即可，對無力承擔費用的家庭政府幫其負擔費用，僅此就足夠了。

我們要明白國家強制教育和國家強制怎樣教育，是不同的兩件事，人們口中所說的反對國家教育的一切原因，其實都只適用於後者。我是堅決反對將教育全部交付國家來規劃執行的。我們在前文中論述了個性有著何等重要的作用，也闡述了差異化的意見和行為有何等重要的作用。

如果由國家統一規劃執行教育，必然是用一個模子將所有人塑造得一模一樣，而這個模子無非是當權者——不管是君主，貴族，牧師還是現在大多數的公眾——所樂於看到的那樣，於是這種教育愈加成功和有效，對於人性的禁錮也就越強，最終形成人身的專制。

在我看來，國家教育如果說還有一定意義的話，那就只能是作為一種競賽性的實驗場所，作為一種優良標準的示範以激勵其他教育機構不斷提升自己。只有當整個社會狀態墮落到沒有人或沒有人願意去辦教育，而只有政府來擔負這項責任，在所謂「兩害相權取其輕」的考慮之下，政府才應該作為教育的主導者；就如同一個國家工業方面私人資本缺席，便只能透過國家投資以股份聯合的方式來承擔。

通常來說，只要一個國家具備有資格、有能力辦教育的人或組織，只要國家要求強制教育並以法律來保障，只要國家能夠為家境貧寒的學生提供經濟援助，一定會出現良好的教育形態。

要想保證這項法律規定具有更好的效果，只能用公開考試的方式。要求所有兒童，從某個年齡開始，接受公開考試，從而判斷他是否具有閱讀、寫作等等該年齡段應該達到的教育水準。一旦哪個孩子在本應具有閱讀能力的時候，尚不能閱讀，對其父母可處以一定的懲罰，比如用罰款的方式，或者要求其用特定的勞動來籌措費用，除非其具有合理正當的理由。

每個年齡段每年都有其公開的考試，並且隨著年齡的增長，不斷擴展其考試科目與範圍，這也保證了每個孩子能夠學到該年齡段所必須具備的最小程度的常識。除了最小程度的常識以外，應當再設置某些科目的自願考試，當達到一定程度可以頒發相關證書。

考試中用於測驗的知識應當被嚴格限制在實證科學和事實的範圍，這樣可以有效避免國家採取某種方式透過教育來引導意見的方向。對於宗教、政治以及有爭議的課題的考察中不去分辨其真偽對錯，而是考察各種意見所持的依據，比如考察某作家、某學派、某宗教依據什麼提出了某條意見。

這樣，年輕的一代對於爭議的真理得接受和理解，只會比上一代更加有效；他們仍然同這一代人一樣可能成為信教之人，也可以也可能成為不信教之人，只是在教育的培養下他們成為了有教養的信教之人和有教養的不信教之人。如果他們的父母許可，他們也可以在學校學到宗教知識。對於有爭議的問題，國家引導公民去接受任何一方的意見都是錯誤的；然而要求一個人具有對爭議問題做出分析和結論所需的基本知識，卻是無比正當的。一個哲學學生，不管他信仰康得還是信仰洛克，也可以二者都不相信，如果他既能夠精通康得的知識，又能熟練掌握洛克的知識，當然是一件更好的事情；同樣的道理，一個無神論者一樣可以透過基督教義的考試，只要他沒有被要求必須信仰。

對於再高的專門知識的考試，在我看來可完全出於自願。但是倘若這種資格與職業直接掛鉤那就太可怕了。我贊同罕波爾特的意見，對於那些透過考試的人應當授予相關學位，或代表學術或職業的相關證書，但這種證書只能增加其發表意見時讓人感受到的重視度，而不能成為在職業競爭中的任何門檻和壓倒別人的優越條件。

那些本來最應該被認為是父母應盡的義務的事情，因為自由用在錯誤的地方，導致人們沒有這種意識；那些本來國家已經盡到法律義務的地方，因為自由被用錯了地方，導致出現了法律的空白。讓一個生命來到這個世界，這是人類生活中本應最具責任的行為。

然而，這樣的責任要由誰來承擔？誰能被授予讓這個未來或福或禍的生命出現在世上的權利，除非他們能夠保證這個生命在未來至少可以得到生存的正常機會，否則這樣的行為就是犯罪。在那些人口壓力已經或將要過大的國家，過多的新生命的來臨，意味著未來他們透過勞動獲得的報酬會因為競爭加劇而降低，這對於依靠勞動獲得報酬而得以生存的勞動階級來說也是一種侵犯。

所以當今歐洲大陸一些國家有這樣的規定，如果男女雙方不能表現出能夠維持一定生活水準的能力，是不允許結婚的，這樣的規定先不管它是否合理（更多的要考慮當地的實際狀況），並沒有超過國家法律允許的權力範圍。這是國家對於有害行為所做出的干涉，既然是一種對他人有侵害的行為，那麼即使法律的懲罰並不恰當，那麼受到社會的譴責和非議也是合理的。

看看我們當前流行的自由觀念吧，有時候，一個人事關自身的行動受到了約束和侵犯，卻不會為自由而戰，而選擇屈從；有時候，又過於放縱一個人的行為，甚至讓那種無辜和不幸由後代來承受，還會讓與他們相關的人因為他們的行動而引起災禍，對於這樣的行為竟然放棄約束，甚至反對約束。我真是覺得奇怪，一方面我們奇怪的極力推崇尊重自由，另一方面，我沒有奇怪的缺乏真正的尊重自由。只要我們將這兩方面仔細對比，不難想像出一個人竟然擁有傷害他人的自由，而沒有不影響他人自己選擇娛樂的自由。

最後，我將就政府干涉的限度問題展開討論。雖然這個問題與我們討論的主題有一定關係，但嚴格意義上並不屬於該範疇。有一些事情，我們之所以反對政府干涉，並不是因為自由原則。而是因為他們更需要的是說明而不是約束；換句話說，政府是否出於對他們的利益考慮而讓他們做某些事；而不是將事情全部交給他們自己去做，不管是單獨去做或是自願聯合。

☆那些不是因為對自由有所侵犯，而反對政府干涉的事主要有以下三種：

第一、那些由個人去做比政府去做會有更好效果的事。

通常來說，一項事業，最好是由與該項事業有密切利益關係的人來辦才最合適。這也就在一定程度上解釋了，為什麼政府和立法會不應當就工業生產有干涉的問題。這些問題很多經濟學家都有十分充分的論述，與本文所談的原則也不需要過多的闡述。

第二、儘管有些事業個人未必比政府辦得更好，但是依然更加合適交給個人。

因為這可以作為對他們的一種培養和鍛鍊的方式，從而強化他們的主觀能動性，提升他們面對問題的判斷能力，讓他們在實踐的過程中獲取所需的相關知識。

對於那些非政治性案件人們對於陪審制度地支持，對地方自治和城市自治地支持、支持聯合組織投身慈善，其實都是這樣的目的，儘管未必是唯一原因。儘管在當前來看，這不是自由問題，但是從長期來看與自由有著密切關係，至少也是自由的發展問題。

從另一個角度上來講，也可以當作是國民教育的一部分來討論；從這個角度上來說，給予他們這樣的機會，也是給予他們訓練的一個機會，是人們為了追求自由而必需的教育的實踐部分，可以讓他們站在個人和家庭的私密性之外，嘗試去思考共同利益和共同管理，產生從公眾角度思維問題的方式，以強化聯繫而不是鼓勵個體的目標來展開行動。

任何一個組織，如果沒有上述的這些思想和力量，就一定不能生存壯大，就如同一個國家如果沒有自由思維的基礎，絕不可能建立起真正永久的自由政治。地方事務給予地方管理的充分自由，工業企業由資本聯合來共同管理，這二者除了我們在上面說到的理由外，還有更深層次的原因，就是我們在前文中所談到的，個性差異化和行為差異化所具有的優點。

政府事務普遍趨於一致化，而個人和社會組織則會嘗試各種不同的方式，從而得到眾多的經驗。政府最應該做的事情，就是將自己作為一個經驗的收集者和發佈者，把各種社會實踐傳播出去，讓更多人獲得學習的機會。這樣每個人不僅僅自己能夠作為一個實驗者獲取經驗，而且還能夠從別人的實踐中獲取教益。

對於政府干涉持反對意見的第三種理由，也是最具說服力的理由，就是政府權力的增加，只會帶來更多的隱患和威脅。當今政府增加每一項職能，都會讓公眾對其報以的希望以及帶來的恐懼心理增強，這些使得那些本富有進取之心的人，最終越來越淪為政府的附庸或者成為某一政黨的附庸。

我們試想，如果道路、銀行、保險、工業企業、學校以及各種慈善機關，都成為政府機構，如果市政工會和地方議會也成為中央行政的一部分；如果這些機構所有人員的工資甚至生活所需都只能從政府來獲得，那麼無論我們擁有如何自由的出版和言論，國家也不會成為一個真正的自由治國。

而且，這套行政系統越是科學有效率，找來最高明的人才，使用的方法越是精巧，其可能帶來的危害也就越大。近些年來，英國一些人建議所有政府官員都通過競爭的方式來選取，從而為每一個職位都找到最合適，最有智慧最有能力的人。這個建議一經提出，贊成和反對的都有很多相關言論。反對者方面之所以反對持有的最重要依據就是，政府職位不能夠為人才提供顯赫的地位和豐厚的報酬，所以不能夠吸引到真正具有非凡才能的人，那些有才能的人很容易可以在其他職業找到令人激動的人生。

在我看來，這個理由似乎是贊同者用來駁斥反對者更加恰當，令人詫異的是，居然成為了反對者所持有的論據。因為，用來反對這件事情的理由恰好為其提供了真正的保障。如果一個國家最出色的人才，都效力於政府機關，其未來可能出現的結果才更加讓人不安。

試想，那些擁有良好組織協調能力以及廣博知識的公眾事業，全部都由政府來掌握，並且政府擁有全社會最傑出的人才，於是，一個國家不斷發展的文化以及在實踐中不斷增強的智慧，最後都會全部集中在政府那些擁有最高智慧的官僚群體中，其他人只能將希望全部寄託在他們身上；公眾需要他

們的領導和指揮，有才能之人需要他們提供進身之階。

這樣一來，人們的目標就會變成竭力進入這個群體，並且在群體中不斷向上爬。而這個群體之外的人，既無能力也無經驗對他們的工作做出評價和制約，就算不管是因為專制制度下的偶然機會，還是因為民主的運用有銳意改革之士進入這個群體並手握大權，但也無法撼動這個群體的意志，實施任何與該群體利益不相符的改革。歷史已經證明，俄羅斯帝國就是如此。

沙皇可以把官僚群體中的任何一個人逐到遙遠的西伯利亞，但是他卻無法違背任何官僚集團的意志來統治俄羅斯，不管他發出什麼命令，官僚集團只需要保持沉默就足以對抗。

在相對文明的國家，人們對於自由有較強的抗爭精神，公眾會習慣由國家為他們辦理一切事務，至少在國家沒有明確指示做什麼、如何做之前，他們會保持等待而什麼也不做，因此，他們將所有發生在自己身上的災禍都歸結於國家，應當由國家來負責。一旦這種災禍超出他們可承受的範圍，就會反對政府開始革命。於是就有人脫穎而出，合法或者不合法的成為了新統治者，對官僚集團發出命令，然而一切依然如舊，只要那個官僚機構一直存在，事情的結果都不會改變。

在民眾習慣於自行處理事務的國家裡，情況則會大相徑庭。法國的兵役制度使得大部分人都曾經是一名軍人，甚至很多人成為了下級軍官，所以每次在平民運動中總是不乏有才能的人出任領導，並且做出科學有效地行動。在軍事方面法國如此，在行政交易處理方面，美國人能做的很好，如果沒有政府，美國的任何團體都能夠臨時產生政府的作用，用其能力和秩序很好的面對各種公共事務。

自由國家的人民就該如此，這樣的人民才是真正的自由之民；這樣的人民永遠不會因為某些人控制了某些機構而甘願收到奴役；這樣的人民沒有人能夠強迫他們去做他們不願意做的事。然而在那種官僚制國家中，只要政府反對的事情，就一定不能成功。這樣的國家，是將舉國的智慧和經驗賦予一個團體，這個團體由這個國家最有智慧和能力的人組成來統治其他所有人。

這個組織越是完善，越是能夠從最廣泛的各個階層中吸引人才，越能夠

給以包括這個群體中的人在內的所有人以更強的束縛和禁錮。最終不僅被統治者成為了奴隸，完成實際統治的這個群體中的每一個人也都成為了奴隸。

在中國，一個大官與一個農夫，儘管地位不同，但都是專制下的僕人和工具。別友會作為這個群體中每一個成員的權利集中展現，但是在耶穌會中，也依然只是一個最為卑微的奴隸。

此外，我們還需記住一點。如果我們把一個國家中具有最高智慧和最強能力的人，全部集中在政府之中，這對於這個團體的智慧和能力的進步也是一個致命的隱患。他們成為了一個群體，所以管理國家必然會制定很多制度和準則。在這樣的制度和準則下，官員本身會逐漸走向鬆懈和倦怠，工作變成例行公事；或者長期的墨守成規也會讓他們在面對某一領袖突發奇想未經證實的意見猝不及防導致舉足無措。

要想讓這兩種看似相反其實有著相同本質的趨勢得到有效抑制，讓該團體抑制保持較高能力，必然需要在這個團體之外還存在一個與之具有同等能力的機構對其進行監督。

所以，要想保證政府之外有這樣足夠能力的監督機構，首先就要給予他們處理重大事務的機會。如果我們還想讓這個團體保持足夠的創造力，那麼就要讓他們有足夠的競爭。如此看來，將國家最具智慧和才能的人集中在這樣的團體中是極不可取的。

我們要怎樣才能夠知道，在人類追求自由和進步的過程中，災禍會從哪裡出現呢？或者說，我們公認的運用集體的智慧和力量來為人類謀福祉的行為到什麼程度就會引發災禍呢？一方面我們想要將權力和智慧集中起來發揮其優勢，另一方面又不能夠將太多事務全部交給政府來處理，這是政治活動中遇到的最艱難的問題之一。

這個問題是一個細節性的問題，我們嘗試從不同角度來探討，而不能給出明確清晰的原則。在我想來，有這樣一條恰當的實踐原則，或許可以用來檢驗是否能夠克服這個困難的標準。這條準則可以這樣來表述：要做到效率最大化下的權利分散最大化；要做到情報集中最大化，也要將情報從中樞機構中最大化傳播出去。比如我們內政管理為例子，在新英格蘭各個省，要

嚴格界定哪些事務不適合由個人去辦，針對這些事務，在地方設立專門的部門，由地方選出相關人員來負責。

此外，針對地方部門每一個事務部門在中央有其對應的監督部門。監督部門的核心職能就是收集地方職能部門所遇到的各種情報以及經驗，包括國外相關問題的情報和經驗，以及各類科學中一般實踐的情報和經驗，從而將其集中起來。中央監督機構有權利去獲得所有地方部門的任何資訊，同時有義務將一個地方的經驗傳播到另一個地方去。因為中央部門處在整體的角度，因此具有更高視野，不會局限於瑣碎和狹隘，所以其情報和經驗權威性會更高；而其永久權力應該僅限於對於地方官員是否依法行政做出監督和控制。

對於法律中未涉及的部分，可由地方官員本著對其選民負責的基礎上自行處理。地方官員依法行政，對法律負責，法規由中央立法機關制定。中央機構對於地方的行政的執行狀況保持關注，一旦違反法律，可依據事態性質，向法院提起訴訟，或向原選機構提請罷免。

英國的中央救濟會，對於全國救濟管理人員的監督大致就符合這樣的設想。即使其權利的行使程度超過了限度，但是在特殊狀況下，這也是必要且合理的，因為那為了糾正地方事物中對於整體有很大影響的一些積弊陋習；不管在哪裡，都不能允許因為自己的管理舉措不當，而使得居民流離失所，這樣必然讓整個社會的物質和精神受到損失。

此外，中央救濟會擁有行政強制和相關附屬法規的制定的權利（事實上，這樣的權利在輿論監督下很少使用），事關國家利益的頭等大事上當然有這樣的權利也無可厚非，但是如果對於只與地方利益有關的事情，這樣的權利就不恰當了。然而，一個以收集和傳播情報，並提供指導的中央部門，還是很有價值的。任何政府行為，只要是幫助和支持個人的努力而不是阻礙那就是多多益善的。

然而，一旦政府不想著去推動個人或團體的力量，而是以自己來取代；一旦對於個人和團體的活動不是支持、幫助、指導，而是以束縛和指責，甚至阻止最終由政府來執行，有害性就逐漸展現出來了。一個國家具有的價值，長期來看，最核心的是其所有的人的價值。一個國家，若只是採取了精巧的管理，或者擁有良好的細節處理能力，但是卻對人民的智慧和道德的發展不夠重視，一個國家，若總是為了讓人們便於管理，易於統治而阻礙他們的進步。

這樣的必然結果是，每個人都不足擔當責任，不惜一切代價換來的國家機器，為了讓其運轉的更加簡單而失去了動力，最終毫無用處。

(END)

國家圖書館出版品預行編目(CIP)資料

論自由 / 約翰.密爾(John Mill)原著 ; 陳書凱編譯. -- 初版. -- 臺北市 : 華志文化事業有限公司, 2021.03

面 ; 公分. --(世界名家名譯 ; 6)

ISBN 978-986-99646-7-8(平裝)

1. 自由

571.94 110001052

華志文化事業有限公司

系列／世界名家名譯6

書名／論自由 (ON LIBERT*)

原著 約翰・密爾（John Stuart Mill(英)

執行編輯 簡煜哲

美術編輯 楊雅婷

封面設計 王志強

文字校對 陳欣欣

企劃執行 張淑勤

總編輯 黃志中

社長 楊凱翔

出版者 華志文化事業有限公司

電子信箱 huachihbook@yahoo.com.tw

地址 116台北市文山區興隆路四段九十六巷三弄六號四樓

電話 0937075060

總經銷商 旭昇圖書有限公司

地址 235新北市中和區中山路二段三五二號二樓

電話 02-22451480

傳真 02-22451479

郵政劃撥 戶名：旭昇圖書有限公司（帳號：12935041）

出版日期 西元二〇二一年三月初版第一刷

書號 C406

Printed In Taiwan

華志文化